Puja

El proceso del ritual de Adoración

Mata Amritanandamayi Center, San Ramon
California, Estados Unidos

PUJA
El proceso del ritual de Adoración

Publicado por:
Mata Amritanandamayi Center
P.O. Box 613
San Ramon, CA 94583
Estados Unidos

——————————— *Puja Book (Spanish)* ———————————

Primera edición por MA Center: septiembre de 2016

En España: www.amma-spain.org
fundación@amma-spain.org

En la India:
inform@amritapuri.org
www.amritapuri.org

Contenido

Puja – Introducción 4

Puja – Ritual de Adoración 10

Los 108 Nombres de Mata Amritanandamayi 31

Los 108 Nombres de Devi (Madre Divina) 44

Los 108 Nombres de Sri Krishna 54

Los 108 Nombres de Shiva 62

Los 108 Nombres de Sri Rama 70

Guía de Pronunciación 78

Puja – Introducción

El proceso del ritual de adoración

La *puja*, o ritual de adoración de imágenes de Dios o dioses, ocupa un lugar muy especial en la práctica espiritual. La *puja* es la simple expresión de nuestro amor y devoción, un medio para acercarnos a Dios. El propósito de la *puja* es conducir la mente de los buscadores de lo conocido a lo desconocido. El método empleado por los maestros de los *Upanishad* para transmitir el conocimiento trascendental a sus discípulos era utilizar los instrumentos con los que se contaba para contactar con el mundo, el cuerpo, la mente, el intelecto… y purificarlos, conectándolos en el nivel transaccional con la Realidad Trascendental. Para comprender la Realidad Suprema necesitamos una mente pura, la cual es un medio para reflejar la Infinita Consciencia. Si el medio no está limpio, la imagen no puede ser nítida, al igual que un espejo sucio no refleja el objeto con claridad. Así mismo, la *puja* es una manera de limpiar el medio a través de la concentración en Dios, que está sentado ante nosotros.

La *puja* no sólo se realiza en los templos. También la podemos realizar en nuestro hogar. Adoramos a Dios en nuestras reuniones (*satsangs*), antes de un acontecimiento importante y, como práctica diaria, en nuestros propios lugares de oración. Normalmente, no hay un sacerdote que nos guíe cuando realizamos las *pujas* en nuestro hogar o nuestras reuniones. Así pues, es bueno aprender el sistema de la *puja*, la cual tiene la capacidad de lograr concentración mental.

La *puja*, especialmente eficaz si se hace todos los días, la pueden realizar tanto hombres como mujeres. Si no tenemos bastante tiempo, al menos, podemos hacer una ofrenda floral.

Las mujeres no deberían realizar la *puja* durante la menstruación. Hay un circuito de nervios sutiles que recogen las impurezas del cuerpo que se emiten durante la menstruación. Es un proceso de limpieza natural que sólo poseen las mujeres. Así pues, las mujeres cuentan con un proceso regular de purificación que les facilita vencer a *Maya* (mundo ilusorio), al menos, en el plano físico.

El objetivo del ritual es crear pensamientos y vibraciones de fuerzas espirituales en y a nuestro alrededor. Esto se consigue mejor cantando o recitando *mantras* y realizando ciertos actos y ofrendas. Los versos Sánscritos o *slokas* son poderosos almacenes de fuerza espiritual.

Artículos necesarios para el altar

La bandeja de la *puja* debería ser atractiva, con varios platos y recipientes para las ofrendas. Estos objetos no deben usarse para otros propósitos que no sean la *puja*. Los artículos que se necesitan para realizar la *puja* son los siguientes:

1. Dos recipientes de agua, uno para uno mismo y otro para la deidad.
2. Una cucharilla para ofrecer agua y para uso propio.
3. Una fuente para realizar el baño.
4. Un recipiente para recoger el agua sucia o impura.
5. Una fuente de arroz crudo entero ligeramente mezclado con una gota o dos de agua o aceite y bastante cúrcuma para que el arroz tome un color amarillo.
6. Flores: tantas como desee usar.
7. Una lámpara de aceite que permanecerá encendida durante toda la *puja*.
8. Una lámpara en forma de cuchara (*dipa*) con una mecha hecha de una bola de algodón.
9. Una campana pequeña o de tamaño medio (preferiblemente de latón macizo).
10. Un porta incienso para las varitas de incienso.
11. Un plato de *vibhuti* (ceniza sagrada).
12. Un plato o recipiente pequeño con pasta de sándalo.
13. Un plato pequeño con *kumkum*.
14. Un plato pequeño o bandeja con una tapa para ofrecer comida.

15. Una cuchara para el alcanfor.
16. Una cesta o bandeja para las flores.
17. Pequeños recipientes para contener los materiales necesarios para bañar a la deidad.
18. Dos paños, uno para secarnos las manos y otro para secar a la deidad.
19. Ropa decorativa para la deidad.
20. Una guirnalda (opcional).
21. Una lámpara de aceite pequeña que sirva de lámpara secundaria para encender el incienso, etc.
22. Una caja de cerillas.

Algunas pautas para la preparación y el procedimiento

Al realizar la *puja*, la preparación es extremadamente importante. El recoger las flores, limpiar el altar y los utensilios de la *puja*, preparar las lámparas de aceite y la ofrenda de comida debería hacerse todo conscientemente. Deberíamos recitar los Nombres Divinos, un *mantra* o cantar cantos devocionales durante la preparación. Esto acerca la conciencia del devoto a la Presencia de Dios. El acto de preparar la habitación de la *puja* es una parte integral de la ceremonia.

El *pujari* (devoto que rinde el culto) debería bañarse con antelación y llevar siempre ropa recién lavada. Después de entrar a la habitación de la ceremonia, se debería postrar ante la deidad. Antes de comenzar, el devoto debería revisar el altar para asegurarse de que todos los artículos necesarios están ahí y que no ha olvidado nada. Cualquier olvido interrumpiría el flujo de la *puja*. Todos los objetos se disponen de la misma manera para cada *puja*, de modo que se puedan alcanzar convenientemente cuando sea necesario. Se colocan a la derecha del devoto, con los artículos que más se emplean, más a mano. Después de ofrecerlos, los artículos se dejan a la izquierda del devoto. Al principio, si la superficie donde se va a colocar la deidad lo permite, podemos dibujar, con un trozo de tiza, un loto de ocho pétalos con un punto en el centro, que representa el loto del corazón. La forma más sencilla de hacerlo sería combinar dos cuadrados de este modo:

Lo siguiente es una representación gráfica (no a escala) de un diseño típico para la puja. Debemos recordar que la forma de los recipientes, etc. puede variar considerablemente de la puja de una persona a la de otra.

Cuando todo se ha dispuesto adecuadamente, el devoto cierra los ojos y se sienta en silencio durante unos minutos, llevando la mente hacia el Señor y la puja sagrada que está a punto de realizar.

Se coloca delante del altar con las piernas cruzadas. Puede sentarse mirando al Señor o de cara al norte. El Señor debería mirar hacia el este o el norte. El devoto no debería impedir que los asistentes vean el altar. A lo largo de la ceremonia, todas las ofrendas se realizarán sólo con la mano derecha, aunque hay ocasiones en las que se usan las dos manos. Mientras se ofrecen los distintos artículos, la mano izquierda se mantiene tocando el codo derecho con la intención de completar el "circuito" del sistema nervioso, para que, de este modo, la ofrenda esté "completa".

La ofrenda de la comida es una parte importante de la *puja*. Se debería ofrecer fruta fresca. La comida debe mantenerse tapada hasta llegar a la sección de la *puja* en la que se hace la ofrenda de la comida. En ese momento, la comida queda a la vista, y se ofrece a la deidad. La deidad puede tomar la esencia sutil de la comida. El mantener la comida tapada hasta realizar la ofrenda contribuye a preservar su pureza, pues de ese modo nadie puede mirarla. Después de la *puja*, los devotos pueden disfrutar de la comida como *prasadam* (todo aquello que ha sido ofrecido a la deidad y que esta ha bendecido).

Para ofrecer una cuchara de agua a la deidad, tomar la cuchara de agua con la mano izquierda y verterla sobre la mano derecha que al mismo tiempo sostiene una flor y después poner ese agua en el recipiente con la misma mano. La lámpara encendida no debería estar orientada ni hacia el sur ni hacia el oeste. Si las manos entran en contacto con fuentes de impureza como la lámpara, las cosas que ya se han ofrecido a la deidad, nuestros propios pies, piernas, cabeza, boca, labios, nariz, pelo o el suelo, debemos lavarlas con una cucharada de agua. Estas reglas tienen como objetivo mantenernos alerta. Bostezar, estornudar o toser crean impureza. Si es inevitable, mantened la mano y el pañuelo delante de la boca. Después, tocad la oreja derecha tres veces, repitiendo el Nombre Divino para conseguir purificación. Está estrictamente prohibido oler, probar o degustar cosas que se van a ofrecer a la deidad. Después de la *puja*, se pueden tomar como *prasadam*.

Los siguientes artículos no deberían tocar el suelo o la alfombra, pero si es inevitable que lo hagan, se deben colocar sobre una hoja o un plato: la deidad, la campana, el recipiente para el agua, las flores, la ropa de la deidad, el agua sagrada, el *prasad* y el alcanfor. Si no disponemos de flores, podemos sustituirlas por hojas de árboles florales, hojas de albahaca, arroz o *kumkum*. No se pueden usar recipientes de acero, plástico o hierro. Después de la *puja*, hay que desechar las flores, el agua, etc. todo lo que se ha ofrecido, dejándolo en la base de un árbol o en un río o en un lugar donde nadie lo vaya a pisar.

Al comienzo de la *puja*, el devoto recita una sección llamada *Sankalpa*, la intención de la ceremonia. Una vez que se ha recitado, el devoto no puede interrumpir la *puja*, dejarla incompleta o atender otros asuntos. Si no hay suficiente tiempo, se puede realizar una versión abreviada de la *puja*, ofreciendo sólo el baño, la luz, incienso, comida, flores y seguido del *arati*. Aunque se haga con prisa, la *puja* no está completa hasta pronunciar el *mantra* final. Una vez concluida la *puja*, el devoto puede sentarse y disfrutar de la paz resultante o meditar durante un rato.

Esta *puja* se ha diseñado teniendo en mente a *Mata Amritanandamayi* como deidad, ya que Ella es el objeto usual de culto para sus devotos. Sin duda alguna, los devotos de Amma harán esta *puja* para conseguir su gracia, puesto que la gracia del *guru* es la mayor bendición para un discípulo o devoto de un alma realizada. Sin embargo, al final del libro se han incluido grupos de 108 nombres para *Devi, Krishna, Rama* y *Shiva*. El proceso de la *puja* es, básicamente, el mismo para cualquier aspecto de Dios. Algunos puntos del *Sankalpa* están marcados para que se modifiquen según el aspecto de Dios que se vaya a adorar. El *mantra* básico (*mantra mula*) para la *puja* es *OM AMRITESWARYAI NAMAH*, el cual hay que repetir antes de cada ofrenda. Se pueden utilizar las estrofas en español o sánscrito, o ambos, según resulte más cómodo. Los materiales y artículos para la *puja* se pueden encontrar en las tiendas que suministran a la comunidad india desde la India. Al final del libro también hay una guía de pronunciación.

Puja – Ritual de Adoración

Suddhi

Purificación

La primera parte de la ceremonia es la purificación, que consiste en expulsar las "fuerzas demoníacas" o tendencias negativas invocando a los *devas* o tendencias positivas.

Ātma Śudhi (Auto-purificación)

Después de sentarse sobre un *asana* o asiento, el devoto debe coger una cucharada de agua de su recipiente de agua y lavar su mano derecha sobre el recipiente destinado a recoger el agua usada para, según el rito, limpiarlo. Entonces, debería verter otra cucharada de agua en la mano derecha mientras dice:

ACYUTĀYA NAMAḤ	Salutaciones al Inamovible
ANANTĀYA NAMAḤ	Salutaciones al Infinito
GOVINDĀYA NAMAḤ	Salutaciones al Señor de los sentidos

Bebiendo a sorbos esta cucharada de agua de la base de la mano derecha con la repetición de cada nombre. Para finalizar, se debería lavar la mano derecha con una cucharada de agua sobre el recipiente

de agua usada. Al hecho de beber el agua a sorbos se le llama *achamanam* o sorbos purificadores. Después, se deberían realizar tres *pranayamas*. Mantenga la mano derecha como se muestra en la fotografía y presione el dedo pulgar contra el orificio nasal derecho mientras inhala por el orificio izquierdo. Contenga la respiración unos dos segundos y después, cerrando el orificio izquierdo con los dedos anular y meñique, exhale por el orificio derecho. A continuación, inhale por el orificio derecho, mientras mantiene el orificio izquierdo cerrado con el anular y meñique. Contenga la respiración por dos segundos y exhale por el orificio izquierdo a la vez que cierra el derecho. Esto se considera un *pranayama*. Al hacerlo, imagine que está inhalando la fuerza vital purificadora divina o *prana shakti*. Al exhalar, expulsamos todos los pensamientos, excepto el pensamiento de Dios.

Āsana Śuddhi - Purificación del asiento

Coja agua en la mano derecha y rocíe unas gotas sobre su asiento o *asana* y diga:

Oh, Madre tierra, llevas a toda la creación en tu regazo, y eres sagrada porque el Señor Supremo te sostiene. Al sentarme sobre ti, ten la bondad de santificarme a mí y a este asiento.

Dipa Puja

Adoración de la lámpara

Encienda la lámpara secundaria y, con ella, encienda la principal. Aplique un poco de pasta de sándalo y *kumkum* sobre la parte superior y sobre la base de la lámpara y ofrezca una flor al pie de la lámpara diciendo:

¡Salutaciones a la Luz de luces! Disipa la oscuridad de la ignorancia y concédeme una mente firme.
OM DĪPA PUJA SAMARPAYĀMI

Ghanta Puja

Adoración de la campana

Aplique pasta de sándalo y *kumkum* en la parte delantera de la campana y ofrezca flores a su base mientras dice:

¡Salutaciones a todos los devas (dioses)! Que el sonido de esta campana, OM, vibre en mi corazón. Que todas las tendencias positivas, los devas, sean invocados en mi corazón, y que todas las malas vibraciones dejen de ser.

OM ĀVĀHITĀBHYO SARVĀBHYO
DEVATĀBHYO NAMAḤ

Haga sonar la campana con fuerza con la mano derecha y diga:
GHANTA PUJA SAMARPAYĀMI

Kalasa Puja

Invocación de las aguas sagradas

Aplique pasta de sándalo y *kumkum* en tres lados del recipiente que contiene el agua sagrada y ponga flores y hojas sagradas, pasta de sándalo y arroz en su interior y, manteniendo la mano derecha sobre la boca del recipiente, rece:

Que el Señor Vishnu sea invocado en la boca del recipiente, el Señor Rudra en la garganta, el Señor Brahma en la base y las Madres del mundo en la zona central.

KALAŚASYE MUKHE VIṢṆUḤ
KAṆṬHE RUDRAḤ SAMĀŚRITAḤ
MŪLE TATRA STHITO BRAHMĀ
MADHYE MĀTṚGAṆĀ SMṚTĀḤ

Oh ríos Ganga, Yamuna, Godavari, Saraswati, Narmada, Sindhu y Kaveri, por favor, haceros presentes en esta agua sagrada. Que todos los ríos sagrados del mundo estén aquí presentes.

GANGE CHĀ YAMUNE CHAIVĀ GODĀVARĪ SARASVATI
NARMADE SINDHŪ KĀVERI
JALESMIN SANNIDHIM KURU

Introduzca una flor en el agua sagrada y, utilizando la flor, rocíe un poco de agua sobre la deidad, sobre uno mismo y sobre los artículos de la *puja*.

Sankalpa

Determinación

Ponga una cucharada de agua, una pizca de arroz y una flor o una hoja de *tulasi* en la mano derecha y coloque la palma de la mano izquierda sobre la palma derecha. Apóyelas sobre la rodilla derecha mientras recita el *Sankalpa*. Dependiendo de la hora del día en la que se realice la *puja*, nombrar aquí el momento del día correspondiente que se muestra en la página siguiente con un asterisco. Después del canto, el arroz y el agua se vierten en la bandeja que se emplea para bañar a la deidad mientras se pronuncia la última palabra *Karisye*. Una vez que se ha recitado el *Sankalpa*, el devoto no puede interrumpir la *puja* ni dejarla sin terminar antes de recitar los mantras finales.

Ahora, en este momento propicio, en el tiempo de la eternidad, en el lugar de la omnipresencia, en este día propicio, ruego complacerte, oh Satguru Amritanandamayi Devi. Con el fin de poder conseguir devoción, sabiduría y ecuanimidad, me dispongo a realizar este culto a la Diosa Suprema (o a la deidad que se esté adorando).

OṀ ĀDYA EVAM GUṆA SAKALĀ
VIŚEṢENA VIŚIṢṬĀYĀM
ASYĀM ŚUBHATITHAU

OṀ MĀTĀ AMṚTĀNANDAMAYI DEVIM UDDIŚYA
SATGURU PRĪTYĀRTHAM
BHAKTI JÑĀNA VAIRĀGYA SIDDHYĀRTHAM
YATHĀ ŚAKTĪ (introducir la hora del día)*
PARAMEŚVARĪ (o deidad que se esté adorando)
PŪJANAM KARĪŚYE
*uṣat kāla = antes del amanecer
prātaḥ kāla = salida del sol
madhyāna kāla = por la mañana
sāyam kāla = por la tarde
śayana kāla = por la noche

Vigneshwara Puja

Recuerde en su mente la forma del Señor *Ganesh* o, si hubiera una imagen de *Ganesh*, ponga un poco de pasta de sándalo y *kumkum* sobre él y una flor a sus pies y, levantando las manos con las palmas unidas, diga:

OM. Oh, Señor Ganesh, vestido de blanco resplandeciente, tú que te expandes por todo el universo, tú que brillas radiante como los rayos de marfil de la luna, tú que tienes cuatro poderosos brazos y una cara feliz y encantadora, yo medito en ti. Por ello, Señor, que todos los obstáculos se disipen y apacigüen.

OṀ ŚUKLĀMBARADHARAM VIṢNUM
ŚAŚIVARṆAM CATURBHUJAM
PRASANNA VADANAM DHYĀYET
SARVA VIGHNOPA ŚĀNTAYE
ŚRĪ GANEṢA PRĀRTHANA SAMĀRPAYĀMI

ॐ *Atma Puja*

Póngase un poco de ceniza sagrada y de *kumkum* (opcional) en la frente y rece:

OṀ ĀTMANE NAMAḤ — ¡Oh, Ser! Yo te saludo.

OṀ ANTARĀTMANE NAMAḤ ¡Oh, Ser interno! Yo te saludo.
OṀ PARAMĀTMANE NAMAḤ ¡Oh, Ser Supremo! Yo te saludo.
OṀ JÑĀNĀTMANE NAMAḤ ¡Oh, Ser de Conocimiento! Yo te saludo.

Después, ponga una flor sobre su propia cabeza y recuerde que la Madre habita en su propio corazón como el "Yo" que brilla en su interior y diga:

ĀTMA PŪJA SAMARPAYĀMI

Dhyanam

Meditación

Una las palmas de las manos y, visualizando a Amma sentada delante de usted, diga esta oración:

Medito en Mata Amritanandamayi, cuya cabeza está cubierta por una tela blanca, en Ella que resplandece, que está por siempre establecida en la Verdad, en Ella, cuya mirada brilla con amor incondicional, Ella que es la fuente de las cualidades divinas, cuya radiante sonrisa adorna su rostro con buenos augurios, Ella que constantemente derrama el néctar del afecto, que canta cantos devocionales con suprema dulzura, Aquella cuya piel se parece a la de las nubes de lluvia, cuyas palabras están empapadas de miel, Ella que es la Dicha inmortal y que es la propia Diosa Suprema.

DHYĀYĀMO–DHAVALĀVAGUṆṬHANA–VATĪṀ
TEJOMAYĪM–NAIṢṬHIKĪṀ
SNIGDHĀPĀṄGA–VILOKINĪM–BHAGAVATĪṀ
MANDASMITA–ŚRĪ–MUKHĪṀ
VĀTSALYĀMṚTA–VARṢIṆĪM–SU–MADHURAṀ
SAṀ–KĪṚTTANĀLĀPINĪṀ
ŚYĀMĀṄGĪṀ–MADHU–SIKTA–SŪKTĪṀ
AMṚTĀNANDĀTMIKĀMĪŚVARĪṀ

Ofrezca una flor a Amma y diga:

¡Oh, Satguru Mata Amritanandamayi, te ruego que aceptes esta meditación!

OṀ AMṚTEŚVARYE NAMAḤ
SATGURU MĀTĀ AMṚTĀNANDAMAYĪM DHYĀYĀMI

Sthana Pita Puja

Adoración del asiento de la deidad

Ponga *kumkum* en el centro de la bandeja que se utiliza para bañar la deidad y recite "OM" tres veces.

Avahanam

Invitación

Coja una flor y sosténgala contra el corazón. Imagine que Amma habita en su corazón. Inspire profundamente y saque el aire lentamente por la nariz en dirección a la flor e imagine que la presencia de Amma penetra en ella. Después, toque la cabeza de Amma con la flor y llévela hasta los pies. Ponga flores en la bandeja de baño. Mantenga las palmas de las manos boca arriba y, mostrando la bandeja a Amma, invítela a sentarse allí, diciendo:

Oh, Madre omnisciente y omnipresente, te ruego que bendigas esta puja y vengas a sentarte con firmeza en mi mente, bendiciéndome con tu presencia y proximidad. ¡Bienvenida, bienvenida seas!

OṀ AMṚTEŚVARYE NAMAḤ
SATGURU MĀTĀ AMṚTĀNANDAMAYĪM ĀVĀHAYĀMI

Asanam

Asiento

Visualice a Amma sentada en un trono de oro delante suyo, sonriente, llena de bendiciones y esperando ser honrada como a un huésped. Ofreciendo una flor a sus pies, diga:

Te he preparado, en todo su esplendor, un trono incrustado de joyas y con patas de león para que te sientes en él, oh, Madre. ¡Te ruego que aceptes esta ofrenda, tú que habitas en mi corazón y otorgas la alegría eterna.

OṀ AMṚTEŚVARYE NAMAḤ
RATNA SIṀHĀSANAM SAMARPAYĀMI

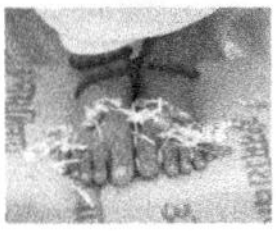

Padyam & Arghyam

Lavar pies y manos

Vierta una cucharada de agua sagrada en su mano derecha, coja una flor y ofrézcala a Amma, sosteniéndola un momento ante Ella y poniéndola después en la bandeja de baño. Así es como se realizan todas las ofrendas de agua a lo largo de la *puja*. Mientras pronuncia estas palabras, visualice que está lavando los pies de Amma. Vuelva a ofrecer una cucharada de agua pura mientras dice la segunda línea y visualícese lavando las manos de Amma.

Ahora, humildemente, lavo cada uno de tus pies de loto, que son la fuente de los ríos sagrados, el objeto de meditación de los yogis y el sostén de los devotos desesperados. Lavo con suavidad cada una de tus preciosas manos, que se ocupan de elevar el Dharma, consolar a los devotos y retirar todos los obstáculos en el camino hacia la liberación, oh, Madre, protectora del Dharma y dadora de prosperidad y liberación.

OṀ AMṚTEŚVARYE NAMAḤ
PĀDAYOḤ PĀDYAM SAMARPAYĀMI
HASTAYOḤ ARGHYAM SAMARPAYĀMI

Achamaniyam

Purificación bebiendo a sorbos

Ofrezca una cucharada de agua a Amma, visualizando cómo la toma en su mano para beberla a sorbos y diga:

Oh, Madre, humildemente te ofrezco agua pura y fresca para que la bebas en pequeños sorbos.

OṀ AMṚTEŚVARYE NAMAḤ
ĀCAMANAM SAMARPAYĀMI

Madhuparkam

Miel y yogur

Ofrezca una cucharada de yogur y un poco de miel como refresco para Amma y diga:

Oh, Madre, te ruego que aceptes esta ofrenda de cuajada con miel.

OṀ AMṚTEŚVARYE NAMAḤ
MADHUPARKAM SAMARPAYĀMI

Abhishekam

Baño

Retire el vestido con la mano derecha y colóquelo en una bandeja aparte. Los vestidos usados deben lavarse en agua limpia después de la *puja* y hay que secarlos para la siguiente ocasión. Ponga unas gotas de aceite en su palma derecha y toque la cabeza de la deidad. Después, unja todo el cuerpo con éste. Por supuesto, si utiliza una fotografía como deidad, no debería poner ni aceite, ni agua, ni productos similares encima de esta. Simplemente, debería mostrárselos a la fotografía y, después, ofrecerlos en la bandeja de baño. Mientras hace sonar la campana, no deje de repetir:

OṀ AMṚTEŚVARYE NAMAḤ

al tiempo que, con la cuchara, vierte agua sobre la deidad. Si es posible, también puede usar los siguientes productos para el baño, vertiendo agua por encima de la deidad entre un producto y otro:

1) leche
2) yogur (cuajada)
3) miel
4) *ghee* (mantequilla clarificada)
5) macedonia de frutas
6) agua de coco (la leche del coco)
7) agua de rosas

Para terminar, bañe a la Madre con agua pura y diga:

Oh, Madre, te ruego que aceptes este baño con las puras y limpias aguas de los ríos sagrados Ganga, Godavari, Krishna y Yamuna, todos los cuales han venido aquí.

GAṄGĀ GODĀVARĪ KṚṢṆĀ YAMUNĀBHYAḤ
SAMĀHṚTAM
SALILAṀ VIMALAṀ ŚUDDHAṀ SNĀNĀRTHA
PRATIGṚHṚTĀM
OṀ AMṚTEŚVARYE NAMAḤ
ŚUDDHODAKENA SNAPAYĀMI

Después de bañar a la deidad, ofrezca una cucharada de agua y diga:

Te ruego que aceptes esta agua fresca para que la bebas a sorbos después de tu baño.

SNĀNĀNANTARAM ĀCAMANĪYAM SAMARPAYĀMI

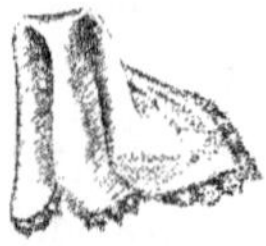

Vastram

Vestido

Seque a la deidad con un paño limpio y colóquela encima del altar sobre una bandeja seca o un paño de seda. Cúbrala con un paño limpio o un vestido u ofrezca una flor o una pizca de arroz y diga:

Oh, Madre, tú que estás en todas partes, te ruego que aceptes este resplandeciente vestido.

OṀ AMṚTEŚVARYE NAMAḤ
VASTRAM SAMARPAYĀMI

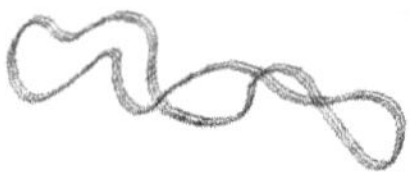

Upavitam

Hilo sagrado

Ofrezca un hilo sagrado o una flor o arroz y diga:

Oh, Madre, que concedes el fruto de las acciones, acepta, por favor, este hilo de algodón blanco de acción divina.

OṀ AMṚTEŚVARYE NAMAḤ
UPAVĪTAM SAMARPAYĀMI

Abharanam

Adornos

Ponga algunos adornos a la Madre u ofrezca una flor o arroz y diga:

No te burles de mí, que busco tu protección; concédeme tu gracia y sálvame, ¡oh, Madre! Por favor, acepta esta ofrenda de adornos.

OṀ AMṚTEŚVARYE NAMAḤ
ĀBHARAṆAM SAMARPAYĀMI

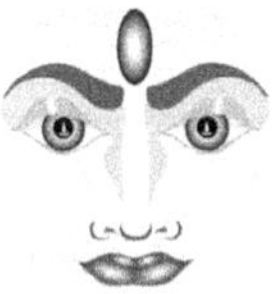

Chandanam

Pasta de sándalo, *kumkum* y *vibhuti*

Ponga un poco de ceniza sagrada, pasta de sándalo y *kumkum* en la frente de la deidad con el dedo anular y diga:,

Que esta fragancia divina sea el modo de abrir las puertas de la nutrición y el bienestar. Que fluyan de manera inagotable, oh Madre de todas las criaturas vivientes. Así como alguien que se ha perdido en la oscuridad pediría luz, así te llamo yo. Ahora te unjo con ceniza sagrada pura y blanca, aromática pasta de sándalo y kumkum rojo.

GANDHADVĀRAM DURADHARṢAM
NITYA PUṢṬAM KARĪṢINĪṀ
ĪŚVARĪGAM SARVA BHŪTĀNĀM
TĀMIHOPAHVAYE ṢRĪYAM
OṀ AMṚTEŚVARYE NAMAḤ
DIVYA PARIMĀLĀ VIBHŪTĪ
KUMKUMA CANDANAM DHĀRAYĀMI

Pushpam

Flores

Ofrezca un puñado de flores y diga:

Como muestra de mi devoción por ti, te ofrezco flores frescas para tu deleite, ¡oh Madre sin igual!

OṀ AMṚTEŚVARYE NAMAḤ
PŪJĀRTHE NĀNĀ VIDHA PATRA PUṢPĀNI PŪJAYĀMI

Archana

108 (o 1000) nombres de la deidad

Repita los 108 o 1000 nombres de la deidad, ofreciendo una flor, o un poco de arroz o de *kumkum* con cada nombre, manteniéndolo contra el corazón y después, con la palma de la mano boca arriba, dejándolo caer sobre los pies de la deidad o su cabeza tras decir el nombre. No debería usar el dedo índice. (Vea los distintos grupos de 108 nombres que se encuentran al final de este libro)

Dhupam

Incienso

Encienda al menos dos varitas de incienso en la lámpara secundaria y ofrezca el humo a la deidad. A continuación mueva las varitas en círculo tres veces, en el sentido de las agujas del reloj, frente a la cara de la deidad, mientras hace sonar la campana. Diga:

Ofrezco este fino incienso de variados aromas para tu deleite, para que lo inhales y disfrutes.

OṀ AMṚTEŚVARYE NAMAḤ
DHŪPAM AGHRĀPAYĀMI

Dipam

Luz

Encienda la cuchara *dipam* con la lámpara secundaria, aplique un poco de pasta de sándalo y *kumkum* sobre esta. Coja una flor y sosténgala conjuntamente con la cuchara en la mano derecha. Haga tres círculos en el sentido de las agujas del reloj ante la deidad, mientras hace sonar la campana. Después de depositarla en el suelo diga:

He encendido esta luz favorable ante ti. Ya que dentro del fuego está el conocimiento espiritual, gracias al cual ningún mal puede sucederme. ¡Oh, Madre, que la pureza y la paz se extiendan a mi alrededor, al igual que esta llama sagrada lo ilumina todo con claridad!

OṀ AMṚTEŚVARYE NAMAḤ
DIVYA MAṄGALA DĪPAM SANDARŚAYĀMI

Por favor, acepta esta llama divina, ¡oh, Luz de luces!

Ofrezca una cucharada de agua para llevar a cabo los sorbos purificadores y diga:

Este incienso y esta llama te han sido debidamente ofrecidas. Ahora, acepta, una vez más, esta agua fresca y dulce para beberla a sorbos.

OṀ AMṚTEŚVARYE NAMAḤ
DŪPA DĪPĀNANTARAM ĀCAMANĪYAM SAMARPAYĀMI

Naivedyam

Comida

Retire la tapa de la ofrenda de comida. Sostenga una flor en la mano derecha, sumérjala en el agua sagrada y, con la flor, rocíe unas gotas de agua sobre la comida. A continuación, vierta una cucharada de agua en la mano derecha y, por tres veces, haga un círculo alrededor de la ofrenda, dejando que el agua fluya lentamente entre sus dedos sobre el altar, alrededor de los alimentos. Después, ofrezca la comida a la deidad pasando la mano derecha sobre los alimentos y llevándola hasta la boca de la deidad seis veces, mientras repite una de las siguientes líneas cada vez que pase la mano:

OṀ PRĀṆĀYA SVĀHĀ
OṀ APĀNĀYA SVĀHĀ
OṀ VYĀNĀYA SVĀHĀ
OṀ UDĀNĀYA SVĀHĀ
OṀ SAMĀNĀYA SVĀHĀ
OṀ BRAHMAṆE SVĀHĀ

Te ofrezco los cinco pranas vitales en estos alimentos que sustentan la vida. Con toda sinceridad y amor, te ofrezco la esencia de este humilde plato de comida. Ojalá lo recibas y lo consideres como una de las más delicadas comidas, oh, Madre.

OṀ AMṚTEŚVARYE NAMAḤ
NĀNĀ VIDHA MAHĀ NAIVEDYAM NIVEDAYĀMI

A continuación, debería ofrecerle a Amma cinco cucharadas de agua, una tras otra, mientras dice:

Durante la comida, te he traído agua fresca para beber. Lo mismo hago para cuando la termines. Aquí tienes ahora agua para que te limpies las manos y te enjuagues la boca, oh, Madre, y más dulce agua fresca para que la bebas a sorbos.

MADHYE MADHYE SĪTALA PĀNĪYAM SAMARPAYĀMI
UTTARĀPOṢANAM SAMARPAYĀMI
HASTA PRAKṢĀLANAM SAMARPAYĀMI
MUKHA PRAKṢĀLANAM SAMARPAYĀMI
ŚUDDHĀCAMANĪYAM SAMARPAYĀMI

Tambulam

Hojas y nueces de areca (betel)

Mientras ofrece una flor, arroz o *tambulam*, si lo tuviera a su disposición, diga:

Te ofrezco una hoja fresca de areca y lima para tu deleite, oh, Madre.

OṀ AMṚTEŚVARYE NAMAḤ
TĀṀBŪLAM SAMARPAYĀMI

Karpura Nirajanam

Llama de alcanfor

Encienda la cuchara de alcanfor, ponga un poco de pasta de sándalo y de kumkum sobre esta y, sosteniendo una flor encima de ella, hágala girar en círculos tres veces en el sentido de las agujas del reloj ante la deidad. Comience por los pies y mientras hace sonar la campana, repita lo siguiente:

OṀ JAYA JAYA JAGAJANANĪ VANDE AMṚTĀNANDAMAYĪ
MAṄGALA ĀRATI MĀTĀ BHAVĀNĪ AMṚTĀNANDAMAYĪ
MĀTĀ AMṚTĀNANDAMAYĪ MĀTĀ AMṚTĀNANDAMAYĪ
OṀ AMṚTEŚVARYE NAMAḤ
DIVYA MAṄGALA NIRĀJANAM DARŚAYĀMI

Victoria para la Madre del Universo, Amritanandamayi, a ti te obedecemos. El arati más favorable y divino es para ti, Madre Bhavani.

Ofrezca una cucharada de agua a la deidad y diga:

Oh, Madre, acepta por favor esta dulce agua fresca para que la bebas a sorbos.

OṀ AMṚTEŚVARYE NAMAḤ
ĀCAMANĪYAM SAMARPAYĀMI

Después de terminar este *mantra*, el devoto ofrece la llama a todos los presentes, quienes participan pasando tres veces los dedos de ambas manos por la llama y tocándose ligeramente los ojos con los dedos cada vez que se sostiene la llama ante ellos. Los dedos deben tocar la llama. El devoto recorre la habitación con la llama en el sentido de las agujas del reloj, teniendo cuidado de ofrecerla primero a las personas honorables que se encuentren allí, como puede ser el propio *guru*, los padres o el maestro. Si no hay nadie en la habitación, el devoto puede, en ese caso, coger él mismo la llama. De lo contrario, no lo hace. De nuevo, debe presentarse la llama a los *murthis* del altar antes de apagarla con un movimiento de la mano derecha. La llama nunca debe apagarse directamente ante el altar. El devoto suele girarse hacia la izquierda y apagar la llama fuera de la vista de los presentes.

Mantra Pushpam

Flores con elogios

Sostenga flores frescas en las manos formando un cuenco ante usted como saludo. Las manos sostienen las flores con delicadeza. Si no tenemos flores, se puede ofrecer arroz. Los versos se recitan con devoción y, cuando se pronuncia la última palabra *samarpayami*, se lanzan las flores al aire ligeramente sobre el altar, creando de este modo una lluvia de flores sobre la deidad.

Me apresuro a adorar a la Madre del universo con flores frescas. Oh, Madre, que esta ofrenda de flores recién cogidas que representan el loto de mi corazón sea de tu agrado.

OṀ AMṚTEŚVARYE NAMAḤ
MANTRAPUṢPĀṆI SAMARPAYĀMI

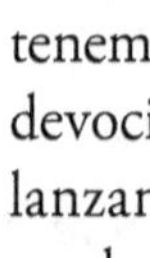

Atmapradakshina Namaskaram

Caminar en círculos y postración

Dé tres vueltas en el sentido de las agujas del reloj delante del altar y, a continuación, póstrese ante de la deidad. Después de levantarse, diga:

Oh, Madre Divina que todo lo impregnas, ten compasión y acepta este mi pranam.

OṀ AMṚTEŚVARYE NAMAḤ
ĀTMA PRADAKṢINA NAMASKĀRAM SAMARPAYĀMI

Nrityam & Gitam

Danza y canto

Baile delante de la deidad u ofrezca una flor y diga:

Oh, Madre, que mi baile sea de tu agrado.

OṀ AMṚTEŚVARYE NAMAḤ
NṚTYAM DARŚAYĀMI

Cante un bhajan o un himno y luego diga:

OṀ AMṚTEŚVARYE NAMAḤ
GĪTAM SRAVAYĀMI

Que escuchar mis alabanzas sea de tu agrado.

Ofrezca una flor por cada uno de los siguientes objetos, diciendo:

Oh, Madre, acepta esta ofrenda de una sombrilla, chamara (abanico de cola de yak), abanico, espejo y toda la parafernalia real.

OṀ AMṚTEŚVARYE NAMAḤ
CHATRA CĀMARA VYAJANA DARPAṆĀDI
SAMASTA RĀJOPACĀRĀN SAMARPAYĀMI

Consagración y entrega

Antes de recitar la siguiente estrofa, coja una pizca de arroz con los dedos de la mano derecha, colóquela en la palma izquierda e inmediatamente pásela a la palma derecha. A este arroz que está en la palma de la mano derecha se le añaden tres cucharadas de agua pura. Se sostiene esta mezcla delante de la deidad, con la mano izquierda bajo la derecha, y se recita la estrofa. Cuando se han pronunciado las últimas palabras, se deja caer la mezcla en la bandeja. Esta estrofa representa el final ritual de la *puja*. Llegado este momento, el devoto no puede abandonar ni la ceremonia ni el lugar. Ahora, se pueden pasar los sacramentos del altar (*prasadam*) en este orden: ceniza sagrada, sándalo, *kumkum*, flores, *tirtham* (agua sagrada) y *naivedyam*. Después de que todos hayan comido el *prasadam*, el devoto puede tomarlo.

Como mejor he podido, he realizado esta puja y te he adorado, querida Madre, la más resplandeciente de todos los dioses. Espero que te agrade y disfrutes de ella. Rodeado por tu presencia, me pongo en tus manos, oh, Madre.

ANENA YATHĀ ŚAKTYĀ KṚTA
(especifique la hora del día- vea la sección Sankalpa)
PŪJAYĀ BHAGAVATĪ SARVA DEVATĀMIKA
ŚRĪ AMṚTEŚVARI SUPRĪTA
SUPRASANNA VARADA BHAVATU

Disculpas

Esta disculpa final se recita con las manos en *namaskaram*. Normalmente, el devoto se postra ante el altar al terminar la estrofa. Es la conclusión formal y devota de la ceremonia.

Oh, Diosa Suprema, no conozco el modo correcto de invocarte ni de comunicarme contigo tal y como eres. No me han impartido un conocimiento completo de los ritos sacerdotales; por ello, te ruego que pases por alto y perdones cualquier error u omisión. Sé poco de mantras o conducta pía y me falta mucho para ser un verdadero devoto. A pesar de todo, perdóname y, sea cual sea la ceremonia que he sido capaz de realizar, acéptala como plena y completa porque tú eres mi único refugio, mi Emperatriz Suprema. Para mí, no hay otra. Por ello, ten piedad, oh Madre, y protege a este que te reza.

OṀ ĀVĀHANAM NA JĀNĀMI NA JĀNĀMI VISARJANAM
PŪJĀÑCAIVA NA JĀNĀMI KṢAMYATĀM PARAMEŚVARĪ
MANTRA HĪNAM KRIYĀ HĪNAM
BHAKTI HĪNAM SUREŚVARĪ
YATPŪJITAM MAYĀ DEVI
PARIPŪRṆAM TADASTU TE
ANYATHĀ ŚARAṆAM NĀSTI
TVAMEVA ŚARAṆAM MAMA
TASMĀT KĀRUṆYA BHĀVENA
RAKṢA RAKṢA MAHEŚVARĪ

Tome una flor de los pies de la deidad. Huélala y llévela al corazón, mientras se imagina que la presencia del Señor, la cual había invocado en la imagen desde su corazón al principio de la puja, ha vuelto a su corazón. Diga:

OṀ AMṚTEŚVARYE NAMAḤ
ASMĀT KANDĀT ASMĀT BIMBĀT
YATHĀ STHĀNAṀ PRATIṢṬHĀPAYĀMI
ŚOBHANĀRTHE KṢEMĀYA PUNARĀGAMANĀYA CA

Oh, Madre, por favor, regresa a tu morada, mi corazón y, en el futuro, vuelve a bendecirme con tu Presencia para que mejore y alcance la liberación.

OṀ TAT SAT

POO

Los 108 Nombres de Mata Amritanandamayi

1. **Oṁ pūrṇa brahma svarūpiṇyai namaḥ**
   Saludamos a la que es la completa manifestación de la Verdad absoluta (Brahman).
2. **Oṁ saccidānanda mūrtaye namaḥ**
   ... que es la personificación de la existencia, el conocimiento y la dicha.
3. **Oṁ ātmā rāmāgragaṇyāyai namaḥ**
   ... que es suprema entre aquellos que se deleitan en el Ser interno.
4. **Oṁ yoga līnāntarātmane namaḥ**
   ... cuyo Ser interno (mente pura) está fusionado con Yoga (la unión del Ser individual y Brahman).
5. **Oṁ antar mukha svabhāvāyai namaḥ**
   ... cuya verdadera naturaleza es atraída hacia el interior.
6. **Oṁ turīya tuṅga sthalījjuṣe namaḥ**
   ... que habita en el plano más elevado de consciencia, conocido como "turiya".
7. **Oṁ prabhā maṇḍala vītāyai namaḥ**
   ... que está totalmente rodeada de luz divina.
8. **Oṁ durāsada mahaujase namaḥ**
   ... cuya grandeza es insuperable.
9. **Oṁ tyakta dig vastu kālādi sarvāvacceda rāśaye namaḥ**
   ... que se ha alzado por encima de toda limitación de espacio, materia y tiempo.
10. **Oṁ sajātīya vijātīya svīya bheda nirākṛte namaḥ**
    ... que carece de todo tipo de diferencias ("diferencias" como se suelen ver entre la misma especie, entre especies distintas

y dentro de uno y el mismo individuo).

11. **Oṁ vāṇī buddhi vimṛgyāyai namaḥ**
... a quien ni las palabras ni el intelecto pueden comprender.
12. **Oṁ śaśvad avyakta vartmane namaḥ**
... cuyo camino es indefinido eternamente.
13. **Oṁ nāma rūpādi śūnyāyai namaḥ**
... que carece de nombre y forma.
14. **Oṁ śūnya kalpa vibhūtaye namaḥ**
... para quien los poderes yóguicos no tienen ninguna importancia (al igual que el mundo entero carece de importancia cuando hay disolución).
15. **Oṁ ṣaḍaiśvarya samudrāyai namaḥ**
... que tiene las marcas favorables de las seis cualidades divinas (aisvarya, prosperidad; virya, valor; yasas, fama; sri auspicioso; jnanam, conocimiento; vairagya, ecuanimidad).
16. **Oṁ dūrī kṛta ṣaḍ ūrmaye namaḥ**
... que carece de las seis modificaciones de la vida (nacimiento, existencia, crecimiento, cambio o evolución, degeneración, destrucción).
17. **Oṁ nitya prabuddha saṁśuddha nirmuktātma prabhāmuce namaḥ**
... que emana la luz del Ser que es eterno, consciente, puro y libre.
18. **Oṁ kāruṇyākula cittāyai namaḥ**
... que está llena de compasión.
19. **Oṁ tyakta yoga suṣuptaye namaḥ**
... que ha renunciado al sueño yóguico.
20. **Oṁ kerala kṣmāvatīrṇāyai namaḥ**
... que se ha encarnado en la tierra de Kerala.
21. **Oṁ mānuṣa strī vapurbhṛte namaḥ**
... que tiene un cuerpo humano femenino.

22. **Oṁ dharmiṣṭha suguṇānanda damayantī svayaṁ bhuve namaḥ**
... que se ha encarnado por propia voluntad como hija de los virtuosos Sugunananda y Damayanti.
23. **Oṁ mātā pitṛ cirācīrṇa puṇya pūra phalātmane namaḥ**
... que ha nacido de sus padres como resultado de sus numerosas vidas virtuosas.
24. **Oṁ niśśabda jananī garbha nirgamātbhuta karmaṇe namad**
... que hizo el milagro de mantenerse en silencio cuando salió del útero de su madre.
25. **Oṁ kālī śrī kṛṣṇa saṅkāśa koṁala śyāmala tviṣe namaḥ**
... que posee la hermosa piel oscura de Kali y Krishna.
26. **Oṁ cira naṣṭa punar labdha bhārgava kṣetra sampade namaḥ**
... que es la riqueza (tesoro) de Kerala (tierra de Bhargava, una encarnación) que estuvo perdida durante mucho tiempo y ha sido recuperada.
27. **Oṁ mṛta prāya bhṛgu kṣetra punar uddhita tejase namaḥ**
... que es la vida de la tierra de Kerala, la cual estaba moribunda y volvió a revivir.
28. **Oṁ sauśīlyādi guṇākṛṣṭa jaṅgama sthāvarālaye namaḥ**
... por cuyas cualidades como buen comportamiento, etc. atrae a toda la creación (tanto a los seres que se mueven como a los que no).

29. **Oṁ manuṣya mṛga pakṣyādi sarva saṁsevitāṅghraye namaḥ**
... a cuyos pies se postran los humanos, animales, pájaros y todos los demás.

30. **Oṁ naisargika dayā tīrtha snāna klinnāntar'ātmane namaḥ**
... cuya mente está constantemente bañada por el río sagrado de la compasión.

31. **Oṁ daridra janatā hasta samarpita nijāndhase namaḥ**
... que ofreció su propia comida a los pobres.

32. **Oṁ anya vaktra pra bhuktānna pūrita svīya kukṣaye namaḥ**
... cuya necesidad de alimento se ve plenamente satisfecha cuando los demás comen.

33. **Oṁ samprāpta sarva bhūtātma svātma sattānubhūtaye namaḥ**
... que alcanzó la experiencia de la unicidad con uno y todos.

34. **Oṁ aśikṣita svayam svānta sphurat kṛṣṇa vibhūtaye namaḥ**
... que sabía todo sobre Krishna sin que le hubieran enseñado. (En cuya mente emergieron todas las cualidades divinas de Krishna.)

35. **Oṁ acchinna madhurodāra kṛṣṇa līlānusandhaye namaḥ**
... que continuamente contemplaba los numerosos juegos del Señor Krishna, lo cual trae dulces recuerdos.

36. **Oṁ nandātmaja mukhāloka nityotkaṇṭhita cetase namaḥ**
... cuya mente siempre anhelaba ver el rostro del hijo de Nanda (Krishna).

37. **Oṁ govinda viprayogādhi dāva dagdhāntarātmane namaḥ**
... cuya mente ardía en la hoguera de la agonía por la separación de Govinda (Kishna).

38. **Oṁ viyoga śoka sammūrcchā muhur patita varṣmaṇe namaḥ**
... cuyo cuerpo a menudo se caía, inconsciente por el dolor de la no unión con Krishna.

39. **Oṁ sārameyādi vihita śuśrūṣā labdha buddhaye namaḥ**
... que recuperaba la consciencia por el atento cuidado de los perros y otros animales.

40. **Oṁ prema bhakti balākṛṣṭa prādur bhāvita śārṅgiṇe namaḥ**
... cuyo amor supremo atraía a Krishna a la fuerza, por así decirlo, para que Él se manifestara ante Ella.

41. **Oṁ kṛṣṇa loka mahāhlāda dhvasta śokāntar' ātmane namaḥ**
... cuya agonía mental se vio aliviada por la inmensa dicha de la visión de Krishna.

42. **Oṁ kāñcī candraka manjīra vaṁśī śobhi svabhū dṛśe namaḥ**
... que tuvo la visión de la forma de Krishna resplandeciendo con sus joyas de oro que colgaban de su cinturón, tobilleras, pluma de pavo real y flauta.

43. **Oṁ sārvatrika hṛiṣīkeśa sānnidhya laharī spṛśe namaḥ**
... que sintió la presencia poderosa de Rishikesha (otro nombre para Krishna que significa aquel que ha conquistado todos los sentidos).

44. **Oṁ susmera tan mukhāloka vi smerotphulla dṛṣṭaye namaḥ**
... cuyos ojos permanecieron completamente abiertos de alegría al contemplar el rostro sonriente de Krishna.

45. **Oṁ tat kānti yamunā sparśa hṛṣṭa romāṅga yaṣṭaye namaḥ**
... cuyo cabello se puso de punta cuando se bañó en aquella radiante luz (de Krishna) la cual era como el río Yamuna.

46. **Oṁ apratīkṣita samprāpta devī rūpopalabdhaye namaḥ**
... que tuvo una inesperada visión de la forma de la Madre Divina.

47. **Oṁ pāṇī padma svapadvīṇā śobhamān'āmbikādṛśe namaḥ**
... que tuvo la visión de la hermosa forma de la Madre Divina sosteniendo la vina en su mano de loto.

48. **Oṁ devī sadyas tirodhāna tāpa vyathita cetase namaḥ**
... que quedó extremadamente desconsolada ante la repentina desaparición de la Madre Divina.

49. **Oṁ dīna rodana nir ghoṣa dīrṇa dikkarṇa vartmane namaḥ**
... cuyo doloroso gemido rasgaba los oídos de los cuatro cielos.

50. **Oṁ tyaktānna pāna nidrādi sarva daihika dharmaṇe namaḥ**
... que renunció a todo pensamiento de actividades corporales como comer, beber, dormir, etc.

51. **Oṁ kurarādi samānīta bhakṣya poṣita varṣmaṇe namaḥ**
... cuyo cuerpo fue nutrido por el alimento que le trajeron pájaros y otros animales.

52. **Oṁ vīṇā niṣyanti saṅgīta lālita śruti nālaye namah**
... cuyos oídos se llenaron de las ondas de las divinas melodías que emanaban de la vina (en las manos de la Madre Divina).

53. **Oṁ apāra paramānanda laharī magna cetase namaḥ**
... cuya mente se fundió en la embriagadora e ilimitada dicha suprema.

54. **Oṁ caṇḍikā bhīkarākāra darśanālabdha śarmaṇe namaḥ**
... cuya mente se llenó de paz con la visión de la terrible forma de la Madre Divina (Chandika).

55. **Oṁ śānta rūpāmṛtajharī pāraṇā nirvṛtātmane namaḥ**
... que se quedó en éxtasis al beber del río de ambrosía del aspecto dichoso (de la Madre Divina).

56. **Oṁ śāradā smārakāśeṣa svabhāva guṇa saṁpade namaḥ**
... cuya naturaleza y cualidades nos recuerdan a Sri Sarada Devi.

57. **Oṁ prati bimbita cāndreya śāradobhaya mūrtaye namaḥ**
... en quien se reflejan las formas de Sri Ramakrishna y Sarada Devi.

58. **Oṁ tannāṭakābhinayana nitya raṅgayitātmane namaḥ**
... en quien volvemos a contemplar de nuevo los juegos de estos.

59. **Oṁ cāndreyā śāradā kelī kallolita sudhābdhaye namaḥ**
... que es el océano de ambrosia en el que surgen las olas de los distintos juegos de Sri Ramakrishna y Sarada Devi.

60. **Oṁ uttejita bhṛgu kṣetra daiva caitanya raṁhase namaḥ**

... que ha fortalecido el potencial divino de Kerala.

61. **Oṁ bhūyaḥ pratyavaruddhārṣa divya saṁskāra rāśaye namaḥ**

... que ha vuelto a traer los valores eternos establecidos por los rishis (sabios).

62. **Oṁ aprākṛtāt bhūtānanda kalyāṇa guṇa sindhave namaḥ**

...die que es un océano de cualidades divinas que son maravillosas y dichosas.

63. **Oṁ aiśvarya vīrya kīrti śrī jñāna vairāgya veśmaṇe namaḥ**

... que es la personificación de aisvarya (soberanía), virya (valor), kirti (fama), sri (prosperidad), jnana (conocimiento) y vairagya (ecuanimidad). (Seis rasgos de la personificación divina).

64. **Oṁ upātta bāla gopāla veṣa bhūṣā vibhūtaye namaḥ**

... que adquirió la forma y cualidades de Bala Gopala (Krishna niño).

65. **Oṁ smera snigdha kaṭākṣāyai namaḥ**

... cuyas miradas son muy dulces y amorosas.

66. **Oṁ svairādyuṣita vedaye namaḥ**

.. quien, en la forma de Krishna juega libremente (con los devotos).

67. **Oṁ piñcha kuṇḍala mañjīra vaṁśikā kiṅkiṇī bhṛte namaḥ**

... que llevaba todos los adornos, la pluma de pavo real y la flauta, como Krishna.

68. **Oṁ bhakta lokākhilā bhīṣṭa pūraṇa prīṇanecchave namaḥ**

... que desea complacer a sus devotos concediendo todos sus deseos.

69. **Oṁ pīṭhārūḍha mahādevī bhāva bhāsvara mūrtaye namaḥ**

... quien, en el estado de la Gran Madre Divina, sentada en el altar, brilla con gran resplandor.

70. **Oṁ bhūṣan'āmbara veṣa śrī dīpya mānāṁga yaṣṭaye namaḥ**

... cuyo cuerpo brilla, adornado con las joyas y con un vestido único, como el de la Madre Divina..

71. **Oṁ suprasanna mukhāṁbhoja varābhayada pāṇaye namaḥ**

.. que tiene una cara brillante y resplandeciente tan hermosa como una flor de loto y que mantiene su mano en la postura de la bendición.

72. **Oṁ kirīṭa raśanākarṇa pūra svarṇa paṭī bhṛte namaḥ**

... quien lleva puestos todos los adornos de oro y la corona como la de la Madre Divina.

73. **Oṁ jihva līḍha mahā rogi bībhatsa vraṇita tvace namaḥ**

... quien con su lengua toca las llagas purulentas de muchos pacientes o personas con enfermedades.

74. **Oṁ tvag roga dhvaṁsa niṣṇāta gaurāṅgāpara mūrtaye namaḥ**

... que, como Sri Chaitanya elimina las enfermedades de la piel.

75. **Oṁ steya himsā surāpānā dyaśeṣādharma vidviṣe namaḥ**
... que desaprueba por completo las malas cualidades como robar, hacer daño a otros, beber alcohol y tomar productos tóxicos, etc.

76. **Oṁ tyāga vairagya maitryādi sarva sadvāsanā puṣe namaḥ**
... que estimula el desarrollo de las buenas cualidades como la renuncia, la ecuanimidad, el amor, etc.

77. **Oṁ pādāśrita manorūḍha dussaṁskāra rahomuṣe namaḥ**
... que se lleva todas las malas tendencias de los corazones de aquellos que han buscado refugio en Ella.

78. **Oṁ prema bhakti sudhāsikta sādhu citta guhājjuṣe namaḥ**
... que reside en la cueva del corazón de los que tienen devoción suprema.

79. **Oṁ sudhāmaṇi mahā nāmne namaḥ**
... que tiene el gran nombre de *Sudhamani.*

80. **Oṁ subhāṣita sudhā muce namaḥ**
... cuyas palabras son tan dulces como la ambrosía.

81. **Oṁ amṛtānanda mayyākhyā janakarṇa puṭa spṛśe namaḥ**
... quien con el nombre de *Amritanandamayi* es bien conocida por todo el mundo.

82. **Oṁ dṛpta datta viraktāyai namaḥ**
... que siente aversión hacia las ofrendas de la gente vanidosa y mundana.

83. **Oṁ namrārpita bhubhukṣave namaḥ**
... que acepta la comida que los devotos le ofrecen con humildad.

84. **Oṁ utsṛṣṭa bhogi saṁgāyai namaḥ**
... que evita a los que buscan placeres.

85. **Oṁ yogi saṁga riraṁsave namaḥ**
... a quien le gusta la compañía de los *yogis*.

86. **Oṁ abhinandita dānādi śubha karmā bhivṛddhaye namaḥ**
... que estimula las buenas acciones como la caridad, etc.

87. **Oṁ abhivandita niśśeṣa sthira jaṁgama sṛṣṭaye namaḥ**
... a quien adoran los seres sintientes y no sintientes de este mundo.

88. **Oṁ protsāhita brahma vidyā sampradāya pravṛttaye namaḥ**
... que promueve el aprendizaje que conducirá a la verdad.

89. **Oṁ punar'āsādita śreṣṭha tapovipina vṛttaye namaḥ**
... que ha revivido el gran modo de vida de los sabios de los bosques.

90. **Oṁ bhūyo gurukulā vāsa śikṣaṇotsuka medhase namaḥ**
... que está muy interesada en reestablecer el sistema de educación de la "*gurukula*".

91. **Oṁ aneka naiṣṭhika brahmacāri nirmātṛ vedhase namaḥ**
... que es una madre para muchos, muchos *brahmacharis* de por vida.

92. **Oṁ śiṣya saṁkrāmita svīya projvalat brahma varcase namaḥ**
... que ha transmitido el resplandor divino a sus discípulos.

93. **Oṁ antevāsi janāśeṣa ceṣṭā pātita dṛṣṭaye namaḥ**
... que observa todas las acciones de los discípulos.

94. **Oṁ mohāndha kāra sañcāri lokā nugrāhi rociṣe namaḥ**
... que se complace en bendecir los mundos como una lámpara que disipa la oscuridad.

95. **Oṁ tamaḥ kliṣṭa mano vṛṣṭa svaprakāśa śubhāśiṣe namaḥ**
... quien es la luz para los ignorantes.

96. **Oṁ bhakta śuddhānṭa raṁgastha bhadra dīpa śikhā tviṣe namaḥ**
... que es la brillante llama de la lámpara encendida en los corazones puros de los devotos.

97. **Oṁ saprīthi bhukta bhaktaughanyarpita sneha sarpiṣe namaḥ**
... que disfruta tomando la mantequilla (*ghee)* del amor de los devotos.

98. **Oṁ śiṣya varya sabhā madhya dhyāna yoga vidhitsave namaḥ**
... a quien le gusta sentarse en meditación con los discípulos.

99. **Oṁ śaśvalloka hitācāra magna dehendriyāsave namaḥ**
... que siempre se preocupa por el bien del mundo.

100. **Oṁ nija puṇya pradānānya pāpādāna cikīrṣave namaḥ**
... que se siente feliz cambiando sus propios logros por los desmerecimientos de los demás.

101. **Oṁ para svaryāpana svīya naraka prāpti lipsave namaḥ**
... quien es feliz cambiando el cielo por el infierno para alivio de los demás.

102. **Oṁ rathotsava calat kanyā kumārī martya mūrtaye namaḥ**
... que es *Kanya Kumari* (la diosa de Cabo *Camorin*) en forma humana.

103. **Oṁ vimo hārṇava nirmagna bhṛgu kṣetrojjihīrṣave namaḥ**
... que anhela elevar la tierra de *Kerala*, inmersa en el océano de la ignorancia.

104. **Oṁ punassantā nita dvaipāyana satkula tantave namaḥ**
... que ha dado un lugar elevado a esta comunidad de pescadores, naciendo en su línea, que se supone es el linaje del gran sabio *Vyasa*.

105. **Oṁ veda śāstra purāṇetihāsa śāśvata bandhave namaḥ**
... que fomenta el conocimiento védico y todos los demás textos espirituales.

106. **Oṁ bṛghu kṣetra samun mīlat para daivata tejase namaḥ**
... que es la divina conciencia del despertar de la tierra de *Kerala*.

107. **Oṁ devyai namaḥ**
... que es la Gran Madre Divina.

108. **Oṁ premāmṛtānandamayyai nityam namo namaḥ**
... que está plena de amor y dicha divinos.

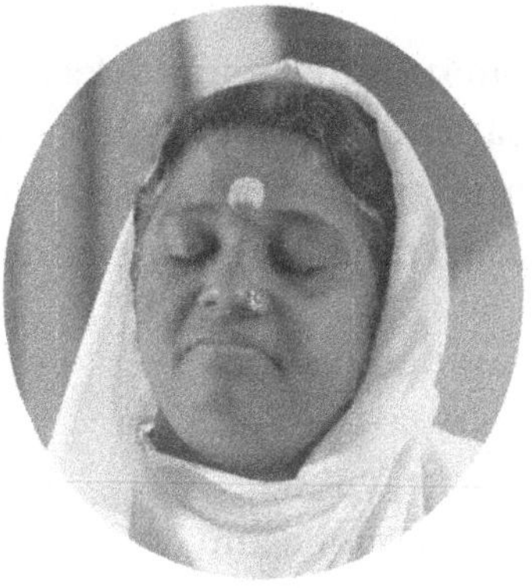

Los 108 Nombres de Devi (Madre Divina)

– Meditación –

sindūrāruṇa-vigrahāṁ tri-nayanām māṇikya-mauli-
sphurat-tārānāyaka-śekharām smitamukhīm
āpīna-vakṣoruhām
pāṇibhyām-alipūrṇa-ratna-caṣakam
raktotpalam-bibhratīm
saumyāṁ ratna-ghaṭastha-rakta-caraṇāṁ
dhyāyetparāmambikām

dhyāyet padmāsanasthām vikasita-vadanām
padma-patrāyatākṣīm
hemābhām pītavastrām kara-kalita-lasad-
hema-padmām varāṅgim

sarvālaṅkāra-yuktām satatam-abhayadām
bhaktanamrām bhavānīm
śrīvidyām śāntamūrtīm sakala-sura-nutāṁ
sarva-sampat-pradātrīm

sakuṅkuma-vilepanām-alika-cumbi-kastūrikām
samanda-hasitekṣaṇām saśara-cāpa pāśāṅkuśām
aśeṣa-jana-mohinīm aruṇa-mālya bhūṣojvalām
japā-kusuma-bhāsurām japavidhau smaredambikām

aruṇāṁ karuṇā-taraṅgitākṣīṁ
dhṛta-pāśāṅkuśa puṣpa-bāṇa-cāpām
aṇimādibhir āvṛtām mayūkhai
aham-ityeva vibhāvaye maheśīm

Ella tiene tres ojos; su color es como el de la sindura roja; la diadema de piedras preciosas que lleva tiene una media luna de brillo espectacular.

Su benévola sonrisa indica que es muy accesible; sus hijos tienen un almacén inagotable de leche de vida en su pecho rebosante; el recipiente de miel en una mano y el loto rojo en la otra simbolizan la alegría y la sabiduría de las que Ella es la única fuente; y sus pies, colocados en el precioso cuenco lleno de valiosas gemas, indican que no son difíciles para aquellos que se rinden a sus pies y buscan refugio en Ella.

Medito en Sri Bhavani, que está sentada en la serena postura del loto, cuyos ojos son como pétalos de loto, que tiene el color del oro, que lleva ropa amarilla, que en sus manos tiene flores de loto de oro, que siempre disipa el miedo, cuyos devotos se postran ante Ella, que es la personificación de la paz, que es el propio Sri Vidya, alabada por los dioses y que concede todas las riquezas deseadas...

Medito en la Madre cuyos ojos sonríen ligeramente, que en sus manos sostiene el arco, el lazo y la aguijada, que hechiza a todo el mundo, que resplandece con guirnaldas y adornos rojos, que está pintada con bermellón, cuya frente ha sido besada con la marca del almizcle y que es roja y tierna como la flor de japa...

Medito en la gran emperatriz de color rojo claro, cuyos ojos están llenos de compasión, la que en sus manos sostiene el lazo, la aguijada, el arco y la flecha de flores y que está rodeada de poderes por todos lados, tales como las "almas", como si Ella fuera el Ser dentro de mí... 1. Oë érì lalitàmbikàyai namaã

Saludamos a la Diosa Suprema *Sri Lalitambika*.

2. **Oṁ śrī mātre namaḥ**
   Saludamos a la Madre Sagrada
3. **Oṁ śrī mahārājñyai namaḥ**
   Saludamos a la Gran Emperatriz

4. **Oṁ bhavānyai namaḥ**
Saludamos a la consorte de *Siva.*
5. **Oṁ bhāvanā gamyāyai namaḥ**
Saludamos a la Madre a quien se llega mediante la constante reflexión en la Verdad.
6. **Oṁ bhadra priyāyai namaḥ**
... que ama ser benevolente.
7. **Oṁ bhadra mūrtaye namaḥ**
... que es la personificación de la benevolencia.
8. **Oṁ bhakti priyāyai namaḥ**
... a la que le complace la adoración amorosa de sus devotos.
9. **Oṁ bhakti gamyāyai namaḥ**
... a la que se llega mediante el servicio y la meditación sincera.
10. **Oṁ bhakti vaśyāyai namaḥ**
... que se convierte en la de cada uno mediante actos amorosos de devoción.
11. **Oṁ bhay'āpahāyai namaḥ**
... que disipa todo miedo.
12. **Oṁ śāmbhavyai namaḥ**
... que adora a *Sambhu.*
13. **Oṁ śārad'ārādhyāyai namaḥ**
... a la que adoran como la diosa del aprendizaje en otoño.
14. **Oṁ śarvāṇyai namaḥ**
... que es la consorte de *Sarva.*
15. **Oṁ śarmadāyinyai namaḥ**
... que siempre concede la felicidad.
16. **Oṁ śāṅkaryai namaḥ**
... que es inseparable de *Parama Siva.*
17. **Oṁ śrīkaryai namaḥ**
... que es la consorte de *Vishnu, Laksmi.*
18. **Oṁ śāt'odaryai namaḥ**
... de fino talle.

19. **Oṁ śāntimatyai namaḥ**
... que siempre está en paz con sus devotos.
20. **Oṁ nirādhārāyai namaḥ**
... que no se sostiene en nada más.
21. **Oṁ nirañjanāyai namaḥ**
... inmaculada.
22. **Oṁ nirlepāyai namaḥ**
... intacta.
23. **Oṁ nirmalāyai namaḥ**
... siempre pura.
24. **Oṁ nityāyai namaḥ**
... eterna.
25. **Oṁ nirākārāyai namaḥ**
... que no tiene forma.
26. **Oṁ nirākulāyai namaḥ**
... imperturbable.
27. **Oṁ nirguṇāyai namaḥ**
... que no tiene atributos.
28. **Oṁ niṣkalāyai namaḥ**
... que es indivisible.
29. **Oṁ śāntāyai namaḥ**
... que es perfectamente serena.
30. **Oṁ niṣkāmāyai namaḥ**
... que está libre de cualquier deseo.
31. **Oṁ nitya muktāyai namaḥ**
... que es eternamente libre.
32. **Oṁ nirvikārāyai namaḥ**
... que es la base inmutable para cualquier cambio.
33. **Oṁ niṣprapañcāyai namaḥ**
... que está más allá de todos los fenómenos del mundo.
34. **Oṁ nirāśrayāyai namaḥ**
... que no depende de nadie.

35. **Oṁ nitya śuddhāyai namaḥ**
... sin mancha.
36. **Oṁ nitya buddhāyai namaḥ**
... que es la morada perpetua del conocimiento.
37. **Oṁ niravadyāyai namaḥ**
... que está completamente libre de imperfecciones.
38. **Oṁ nirantarāyai namaḥ**
... que no tiene final.
39. **Oṁ niṣkāraṇāyai namaḥ**
... que no tiene comienzo.
40. **Oṁ niṣkalaṅkāyai namaḥ**
... que no tiene fallos de ningún tipo.
41. **Oṁ nirupādhaye namaḥ**
... sin límite.
42. **Oṁ nirīśvarāyai namaḥ**
... que es Suprema.
43. **Oṁ nīrāgāyai namaḥ**
... que no tiene pasiones.
44. **Oṁ rāga mathanyai namaḥ**
... que destruye todos los apegos.
45. **Oṁ nirmadāyai namaḥ**
... que no tiene orgullo.
46. **Oṁ mada nāśinyai namaḥ**
... que erradica la arrogancia.
47. **Oṁ niścintāyai namaḥ**
... que está libre de ansiedad.
48. **Oṁ nirahaṅkārāyai namaḥ**
... que está completamente libre de ego.
49. **Oṁ nirmohāyai namaḥ**
... que está completamente libre de la ilusión.
50. **Oṁ moha nāśinyai namaḥ**
... que cura las falsas ilusiones de sus devotos.

51. **Oṁ nirmamāyai namaḥ**
    ... que no tiene sentido de "yo" ni de "mío".
52. **Oṁ mamatā hantryai namaḥ**
    ... que destruye la vanidad y el egoísmo de sus devotos.
53. **Oṁ niṣpāpāyai namaḥ**
    ... que es la negación del pecado.
54. **Oṁ pāpa nāśinyai namaḥ**
    ... que destruye completamente el pecado.
55. **Oṁ niṣkrodhāyai namaḥ**
    ... que no tiene ni enemigos ni se enfada.
56. **Oṁ krodha śamanyai namaḥ**
    ... que extingue la cólera que surge en las mentes de sus devotos.
57. **Oṁ nirlobhāyai namaḥ**
    ... que está totalmente libre de codicia.
58. **Oṁ lobha nāśinyai namaḥ**
    ... que elimina la codicia de las mentes de sus devotos.
59. **Oṁ niḥsamśayāyai namaḥ**
    ... que está libre de la duda.
60. **Oṁ nirbhavāyai namaḥ**
    ... que no tiene origen.
61. **Oṁ bhava nāśinyai namaḥ**
    ... que pone fin a la rueda del nacimiento y la muerte.
62. **Oṁ nirvikalpāyai namaḥ**
    ... que es la inteligencia pura y eterna.
63. **Oṁ nir'ābādhāyai namaḥ**
    ... que siempre permanece apacible.
64. **Oṁ nirbhedāyai namaḥ**
    ... en quien todos son absolutamente uno.
65. **Oṁ bheda nāśinyai namaḥ**
    ... que destruye las distinciones hechas por el cuerpo-mente-intelecto.

66. **Oṁ nirnāśāyai namaḥ**
... que es inmortal.
67. **Oṁ mṛtyu mathanyai namaḥ**
... que arranca la causa de la muerte en sus devotos.
68. **Oṁ niṣkriyāyai namaḥ**
... que está más allá de toda acción.
69. **Oṁ niṣparigrahāyai namaḥ**
... que no coge nada.
70. **Oṁ nistulāyai namaḥ**
... que es inigualable.
71. **Oṁ nīla cikurāyai namaḥ**
... que tiene rizos de lustroso cabello negro.
72. **Oṁ nirapāyāyai namaḥ**
... que nunca parte.
73. **Oṁ niratyayāyai namaḥ**
... que está más allá de todo peligro.
74. **Oṁ durlabhāyai namaḥ**
... a la que se llega mediante el esfuerzo sostenido y necesario.
75. **Oṁ durgamāyai namaḥ**
... a la que no se llega sin esfuerzo continuo y minucioso.
76. **Oṁ durgāyai namaḥ**
... que es la diosa *Durga*.
77. **Oṁ duḥkha hantryai namaḥ**
... que destruye el dolor.
78. **Oṁ sukha pradāyai namaḥ**
... que concede la dicha de la liberación.
79. **Oṁ sarvajñāyai namaḥ**
... que es omnisciente.
80. **Oṁ sāndra karuṇāyai namaḥ**
... que es intensamente compasiva.
81. **Oṁ sarva śakti mayyai namaḥ**
... que es la fuente de todo poder.

82. **Oṁ sarva maṅgalāyai namaḥ**
... que posee todo lo que es favorable.
83. **Oṁ sad gati pradāyai namaḥ**
... que lleva al buscador hasta el Objetivo Supremo.
84. **Oṁ sarv'eśvaryai namaḥ**
... que es la Reina del Universo.
85. **Oṁ sarva mayyai namaḥ**
... que es inherente a todo.
86. **Oṁ māh'eśvaryai namaḥ**
... que trasciende la naturaleza y es la fuente de todo.
87. **Oṁ mahākālyai namaḥ**
... que es la gran diosa *Kali*, que destruye hasta la muerte.
88. **Oṁ mahādevyai namaḥ**
... que es la más grande de todas las diosas.
89. **Oṁ mahālakṣmyai namaḥ**
die ... que es la gran diosa *Laksmi*, la fuente de la abundancia de la vida.
90. **Oṁ mahārūpāyai namaḥ**
... que es la Forma Suprema.
91. **Oṁ mahāpūjyāyai namaḥ**
... que es digna de adoración suprema.
92. **Oṁ mahāmāyāyai namaḥ**
... que es la suprema creadora de la ilusión.
93. **Oṁ mahāsattvāyai namaḥ**
... que es la suprema existencia.
94. **Oṁ mahāśaktyai namaḥ**
... que es la energía suprema.
95. **Oṁ mahāratyai namaḥ**
... que es la dicha ilimitada.
96. **Oṁ mahābhogāyai namaḥ**
... que es el placer y el lujo supremos.

97. **Oṁ mah'aiśvaryāyai namaḥ**
... que tiene el poder supremo.
98. **Oṁ mahāvīryāyai namaḥ**
... de habilidad y fuerza supremas.
99. **Oṁ mahābalāyai namaḥ**
... de gran fuerza.
100. **Oṁ mahābuddhyai namaḥ**
... que es la inteligencia suprema.
101. **Oṁ mahāsiddhyai namaḥ**
... cuyos logros son supremos.
102. **Oṁ mahātantrāyai namaḥ**
... que es el objeto de los textos místicos supremos.
103. **Oṁ śiva śaktyaikya rūpinyai namaḥ**
... que no es distinta de la unidad de *Siva* y *Sakti.*
104. **Oṁ viṣṇu śaktyaikya rūpinyai namaḥ**
... que no es distinta de la unidad de *Vishnu* y *Sakti.*
105. **Oṁ brahma śaktyaikya rūpinyai namaḥ**
... que no es distinta de la unión de *Brama* y *Sakti.*
106. **Oṁ śrī lalitāmbikāyai namaḥ**
Saludamos a la Diosa Suprema *Sri Lalitambika.*
107. **Oṁ śrī mātā amṛtānandamāyai namaḥ**
Saludamos a la *Madre Amritanandamayi.*
108. **Oṁ śrī mahātripurasundaryai namaḥ**
Saludamos a la Suprema y Venerable Madre *Tripurasundari.*

Los 108 Nombres de Sri Krishna

1. **Oṁ śrī kṛṣṇāya namaḥ**
   Saludamos a *Sri Krishna.*
2. **Oṁ kamalā nāthāya namaḥ**
   ... al esposo (Señor) de *Kamala* (*Sri Lakshmi*).
3. **Oṁ vāsudevāya namaḥ**
   ... a *Vasudeva* (el hijo de *Vasudeva).*
4. **Oṁ sanātanāya namaḥ**
   ... al Eterno.
5. **Oṁ vāsudevaya namaḥ**
   ... al hijo de *Vasudeva*
6. **Oṁ puṇyāya namaḥ**
   ... al meritorio.

7. **Oṁ līlā-mānuṣa-vigrahāya namaḥ**
... al que ha asumido una forma humana para llevar a cabo sus *lilas* (juegos divinos).
8. **Oṁ śrīvatsa kausthubha-dharāya namaḥ**
... al que lleva el *Sri Vatsa* (un rayo dorado que representa a *Sri Lakshmi*) y la piedra preciosa *Kaustubha.*
9. **Oṁ yaśodā-vatsalāya namaḥ**
... al querido hijo de *Yasoda.*
10. **Oṁ haraye namaḥ**
... a *Sri Hari* (*Vishnu*).
11. **Oṁ caturbhujātta-cakrāsi-gadā-śaṅkādhyāyudhāya namaḥ**
... al de cuatro brazos que lleva como armas el disco, la concha y el palo.
12. **Oṁ devakī nandanāya namaḥ**
... al hijo de *Devaki.*
13. **Oṁ śrīsāya namaḥ**
... a la morada de *Sri Lakshmi.*
14. **Oṁ nandagopa priyātmajāya namaḥ**
... al querido hijo de *Nanda Gopa.*
15. **Oṁ yamunāvega saṁhāriṇe namaḥ**
... al Señor que destruyó la velocidad del río *Yamuna.*
16. **Oṁ bālabhadra priyānujāya namaḥ**
... al querido hermano pequeño de *Balabhadra* (*Balarama*).
17. **Oṁ pūtanā jīvita harāya namaḥ**
... al destructor de la demonio *Putana.*
18. **Oṁ śakatāsura bhañjanāya namaḥ**
... al Señor que destruyó al demonio *Sakatasura.*
19. **Oṁ nandavraja janā nandine namaḥ**
... al que trajo mucha felicidad a *Nanda* y a los habitantes de *Vraja.*

20. **Oṁ saccidānanda vigrahāya namaḥ**
... al que es la encarnación de la Existencia, Consciencia y Dicha.
21. **Oṁ navanīta viliptāṅgāya namaḥ**
... al que está embadurnado de mantequilla.
22. **Oṁ navanīta natāya namaḥ**
... al que bailó para conseguir mantequilla.
23. **Oṁ ānaghāya namaḥ**
... al que está libre de pecado.
24. **Oṁ navanīta navāhārāya namaḥ**
... al que inventó una nueva forma de comida: la mantequilla.
25. **Oṁ mucukunda prasādakāya namaḥ**
... al que bendijo (salvó) al rey *Muchukunda*.
26. **Oṁ śodaśa sthrī sahasreśāya namaḥ**
... al Señor de dieciséis mil mujeres.
27. **Oṁ tribhaṅgī lalitākritaye namaḥ**
... al que se dobla por tres lugares (una postura de *Krishna*).
28. **Oṁ śukavāg amṛtābhdhīndave namaḥ**
... al océano de néctar en forma de las palabras de *Sukadeva*
29. **Oṁ govindāya namaḥ**
... al Señor de las vacas.
30. **Oṁ yogīnām pataye namaḥ**
... al Señor de los *yogis*.
31. **Oṁ vatsa vatācarāya namaḥ**
... al que estuvo deambulando en compañía de terneros y chicos *gopa*.
32. **Oṁ anantāya namaḥ**
... al infinito.
33. **Oṁ dhenukāsura mardanāya namaḥ**
... al que mató al demonio *Dhenuko*.
34. **Oṁ tṛṇīkṛta tṛṇāvartāya namaḥ**
... al que destruyó al demonio tornado *Trinavarta*.

35. **Oṁ yamalārjuna bhañjanāya namaḥ**
... al que rompió los dos árboles *Yamalarjuna*, que en realidad eran los dos seres celestiales que habían sido maldecidos.

36. **Oṁ uttāla tālabhettre namaḥ**
... al que rompió los enormes árboles.

37. **Oṁ tamāla śyāmalā kṛtaye namaḥ**
... al que es tan hermoso como el oscuro árbol *Tamala*.

38. **Oṁ gopa gopīśvarāya namaḥ**
... al Señor de los *gopas* y las *gopis*.

39. **Oṁ yogine namaḥ**
... al más grande *Yogi*.

40. **Oṁ koti sūrya samaprabhāya namaḥ**
... al que resplandece tanto como un millón de soles.

41. **Oṁ ilāpataye namaḥ**
... al Señor de la tierra.

42. **Oṁ parasmai jyotiṣe namaḥ**
... al que es la luz suprema.

43. **Oṁ yādavendrāya namaḥ**
... al Señor de los *Yadavas*.

44. **Oṁ yādudvahāya namaḥ**
... al líder de los *Yadus*.

45. **Oṁ vanamāline namaḥ**
... al Señor que lleva una guirnalda del bosque.

46. **Oṁ pīta vāsase namaḥ**
... al que lleva túnicas amarillas.

47. **Oṁ pārijātāpa hārakāya namaḥ**
... al que se llevó la flor *Parijatha* del jardín de Indra.

48. **Oṁ govardhanācalo dhartre namaḥ**
... al que levantó la montaña *Govardhana*.

49. **Oṁ gopālāya namaḥ**
... al protector de las vacas.

50. **Oṁ sarva pālakāya namaḥ**
... al protector de todos los seres creados.
51. **Oṁ ajāya namaḥ**
... al que siempre es victorioso.
52. **Oṁ nirañjanāya namaḥ**
... sin mancha.
53. **Oṁ kāma janakāya namaḥ**
... al que genera deseos en quien tiene una mente mundana.
54. **Oṁ kañca locanāya namaḥ**
... al de hermosos ojos.
55. **Oṁ madhughne namaḥ**
... al que mató al demonio *Madhu*.
56. **Oṁ mathurā nāthāya namaḥ**
... al Señor de *Mathura*.
57. **Oṁ dvārakā nāyakāya namaḥ**
... al Señor de *Dwaraka*.
58. **Oṁ baline namaḥ**
... al todopoderoso.
59. **Oṁ brindāvanānta sañcārine namaḥ**
... al que vagó por *Vrindavana*.
60. **Oṁ tulasidāma bhūṣaṇāya namaḥ**
... al que se adorna con una guirnalda de hojas de *Tulasi*.
61. **Oṁ syamantaka maṇer hartre namaḥ**
... al que robó la gema *Syamantaka*.
62. **Oṁ nara nārāyaṇātmakāya namaḥ**
... al que tiene las formas gemelas de *Nara* y *Narayana*.
63. **Oṁ kubjā kṛṣṭāmbaradharāya namaḥ**
... al que se puso el ungüento que le ofreció la mujer de la joroba.
64. **Oṁ māyine namaḥ**
... al que es *Maya* (ilusión vana).

65. **Oṁ paramapūruṣāya namaḥ**
... a la persona suprema.
66. **Oṁ muṣṭikāsura cāṇūra mallayudha-viśāradāya namaḥ**
... al experto luchador que luchó contra los dos demonios *Mushtika* y *Chanura.*
67. **Oṁ samsāra vairiṇe namaḥ**
... al enemigo de *Samsara* (el ciclo de nacimientos y muertes).
68. **Oṁ kamsāraye namaḥ**
... al enemigo de *Kamsa.*
69. **Oṁ murāraye namaḥ**
... al enemigo del demonio *Mura.*
70. **Oṁ narakāntakāya namaḥ**
... al destructor del demonio *Naraka.*
71. **Oṁ anādi brahmacāriṇe namaḥ**
... al Absoluto sin principio.
72. **Oṁ kṛṣṇā vyasana karśakāya namaḥ**
... al que eliminó la angustia de *Draupadi.*
73. **Oṁ śiśupāla śirascettre namaḥ**
... al que cortó la cabeza de *Sisupala.*
74. **Oṁ duryodhana kulāntakāya namaḥ**
... al destructor de la dinastía de *Duryodhana.*
75. **Oṁ vidurākrūra varadāya namaḥ**
... al que dio bendiciones a *Vidura* y *Akrura.*
76. **Oṁ viśvarūpa pradārśakāya namaḥ**
... al que exhibió su *Viswarupa* (la forma universal).
77. **Oṁ satyavāce namaḥ**
... al que sólo pronuncia verdades.
78. **Oṁ satya saṅkalpāya namaḥ**
... de determinación verdadera.
79. **Oṁ satyabhāma ratāya namaḥ**
... al amante de *Satyabhama.*

80. **Oṁ jayine namaḥ**
... al que es siempre victorioso
81. **Oṁ subhadra pūrvajāya namaḥ**
... al hermano mayor de *Subhadra.*
82. **Oṁ viṣṇave namaḥ**
... al Señor *Vishnu.*
83. **Oṁ bhīṣma mukti pradāyakāya namaḥ**
... al que concedió la salvación a *Bhisma.*
84. **Oṁ jagadgurave namaḥ**
... al que es el *guru* del mundo entero.
85. **Oṁ jagannāthāya namaḥ**
... al Señor del mundo entero.
86. **Oṁ veṇunāda viśāradāya namaḥ**
... al que es un experto en música de flauta
87. **Oṁ vṛṣabhāsura vidhvasine namaḥ**
... al que destruyó al demonio *Vrishaba.*
88. **Oṁ bāṇāsura karāntakāya namaḥ**
... al que cortó las manos del demonio *Bana.*
89. **Oṁ yudhiṣṭhira pratiṣṭhātre namaḥ**
... al que estableció a *Yudhishtira* como rey.
90. **Oṁ bārhi bārhāvataṁsakāya namaḥ**
... al que se adorna con resplandecientes plumas de pavo real.
91. **Oṁ parthasārathāye namaḥ**
.. al conductor del carro de *Arjuna.*
92. **Oṁ avyaktāya namaḥ**
... al que es difícil comprender.
93. **Oṁ gītāmṛta mahodadhaye namaḥ**
... al océano que contiene el néctar de la *Bhagavad Gita.*
94. **Oṁ kālīyaphaṇi māṇikya rañjita śrī padāmbhujāya namaḥ**
... al cuyos pies de loto están adornados con las gemas de las capuchas de la serpiente *Kaliya*

95. **Oṁ dāmodarāya namaḥ**
... al que fue atado con una piedra de molino alrededor de la cintura.
96. **Oṁ yajñabhoktre namaḥ**
... al que consume los sacrificios que le ofrecen.
97. **Oṁ dānavendra vināśakāya namaḥ**
... al destructor del señor de los *Asuras*.
98. **Oṁ nārāyaṇāya namaḥ**
... al Señor *Narayana*.
99. **Oṁ parabrahmaṇe namaḥ**
... al *Brahman* supremo.
100. **Oṁ pannagāśana vāhanāya namaḥ**
... al que tiene una serpiente (*Adisesha*) como asiento.
101. **Oṁ jalakrīdāsamāśakta gopi vastrāpahārakāya namaḥ**
... al que escondió las ropas (que estaban en la orilla) de las *gopis* mientras jugaban absortas en las aguas del río *Yamuna*.
102. **Oṁ puṇya-ślokāya namaḥ**
... al cuyas alabanzas otorgan mérito.
103. **Oṁ tirthapādāya namaḥ**
... a aquel cuyos pies son sagrados.
104. **Oṁ vedavedyāya namaḥ**
... a la fuente de los *Vedas*.
105. **Oṁ dayānidhaye namaḥ**
... al tesoro de compasión.
106. **Oṁ sarva bhūtātmakāya namaḥ**
... al alma de los elementos
107. **Oṁ sarvagraha rūpiṇe namaḥ**
... al de todas las formas.
108. **Oṁ parātparāya namaḥ**
... al que es más grande que los grandes.

Los 108 Nombres de Shiva

1. **Oṁ śrī śivāya namaḥ**
   Saludamos al propiciador.
2. **Oṁ maheśvarāya namaḥ**
   Alabemos al Dios supremo *Siva*.
3. **Oṁ śambhave namaḥ**
   ¡Postrémonos ante el Señor que sólo existe por nuestra propia felicidad!
4. **Oṁ pinākine namaḥ**
   Saludamos a *Siva*, que guarda el camino del *dharma*
5. **Oṁ śaśiśekharāya namaḥ**
   Alabemos al Dios que lleva la luna creciente en su pelo.
6. **Oṁ vāmadevāya namaḥ**
   Saludamos al Dios que es complaciente y favorable de todas formas.
7. **Oṁ virupākṣāya namaḥ**
   ¡Postrémonos ante el Dios de forma inmaculada!

8. **Oṁ kapardine namaḥ**
Saludamos al Señor de denso pelo enmarañado.
9. **Oṁ nīlalohitāya namaḥ**
¡Postrémonos ante Dios, espléndido como el sol rojo del amanecer!
10. **Oṁ śankarāya namaḥ**
Saludamos a la fuente de toda prosperidad.
11. **Oṁ śūlapāṇaye namaḥ**
Alabemos al Dios que lleva una lanza.
12. **Oṁ khatvāṅgine namaḥ**
¡Postrémonos ante el Dios que lleva un palo nudoso!
13. **Oṁ viṣṇuvallabhāya namaḥ**
Saludamos a *Siva*, muy apreciado por el Señor *Visnu*.
14. **Oṁ śipiviṣṭāya namaḥ**
Alabemos al Señor cuya forma emite grandes rayos de luz.
15. **Oṁ ambikānāthāya namaḥ**
¡Postrémonos ante el Señor de *Ambika*!
16. **Oṁ śrīkaṇṭāya namaḥ**
Saludamos a Dios, cuya garganta es azul brillante.
17. **Oṁ bhaktavatsalāya namaḥ**
Al Señor que ama a sus devotos como a terneros recién nacidos.
18. **Oṁ bhavāya namaḥ**
¡Postrémonos ante el Dios que es la existencia misma!
19. **Oṁ sarvāya namaḥ**
Saludamos a *Siva* que es el Todo.
20. **Oṁ trilokeśāya namaḥ**
Alabemos al Dios *Siva* que es el Señor de todos los tres mundos.
21. **Oṁ śitikaṇṭhāya namaḥ**
¡Postrémonos ante el alma primigenia cuya garganta es azul oscuro!
22. **Oṁ śivāpriyāya namaḥ**
Saludamos al Dios que es muy querido por *Sakti*.

23. **Oṁ ugrāya namaḥ**
Alabemos a *Siva*, cuya presencia es impresionante y abrumadora.
24. **Oṁ kapāline namaḥ**
¡Postrémonos ante el Señor cuyo plato para pedir limosnas es un cráneo humano!
25. **Oṁ kāmāraye namaḥ**
Saludamos a *Siva*, que conquista todas las pasiones.
26. **Oṁ andhakāsura sūdanāya namaḥ**
Alabemos al Señor que mató al asura *Andhaka*.
27. **Oṁ gaṅgādharāya namaḥ**
Saludamos al Dios que sostiene al río Ganges en su cabello.
28. **Oṁ lalāṭākṣāya namaḥ**
¡Postrémonos ante el Señor cuyo entretenimiento es la creación!
29. **Oṁ kālakālāya namaḥ**
Alabemos a *Siva* que es la muerte de la muerte.
30. **Oṁ kṛpānidhaye namaḥ**
¡Postrémonos ante el Dios que es el tesoro de la compasión!
31. **Oṁ bhīmāya namaḥ**
Saludamos a *Siva*, cuya fuerza es impresionante.
32. **Oṁ paraśu hastāya namaḥ**
Alabemos al Señor que tiene un hacha en las manos.
33. **Oṁ mṛgapāṇaye namaḥ**
¡Saludamos al Señor que cuida del alma en la selva!
34. **Oṁ jaṭādharāya namaḥ**
Saludamos a *Siva*, que tiene una mata de pelo enmarañado.
35. **Oṁ kailāsavāsine namaḥ**
Alabemos al gran Dios que habita en el monte *Kailas*.
36. **Oṁ kavacine namaḥ**
¡Postrémonos ante el Señor que está envuelto en una armadura!
37. **Oṁ kaṭhorāya namaḥ**
Saludamos a *Siva*, causa de todo crecimiento.

38. **Oṁ tripurāntakāya namaḥ**
Alabemos al Señor que destruyó las tres ciudades demoníacas.

39. **Oṁ vṛṣankāya namaḥ**
¡Postrémonos ante el Dios cuyo emblema es un toro!

40. **Oṁ vṛṣabhārūḍhāya namaḥ**
Saludamos a *Siva*, que monta un toro.

41. **Oṁ bhasmoddhūlita vigrahāya namaḥ**
Alabemos al Señor cubierto de ceniza sagrada.

42. **Oṁ sāmapriyāya namaḥ**
¡Postrémonos ante el Dios al que le encantan los himnos del Sama Veda!

43. **Oṁ svaramayāya namaḥ**
Saludamos a *Siva*, que crea a través del sonido.

44. **Oṁ trayīmūrtaye namaḥ**
Alabemos al Señor que es adorado en tres formas.

45. **Oṁ anīśvarāya namaḥ**
¡Postrémonos ante el Señor indiscutible!

46. **Oṁ sarvajñāya namaḥ**
Saludamos al Dios que lo sabe todo.

47. **Oṁ paramātmane namaḥ**
Alabemos al ser supremo.

48. **Oṁ somasūrāgni locanāya namaḥ**
A la luz de los ojos de *Soma*, *Surya* y *Agni*.

49. **Oṁ haviṣe namaḥ**
Saludamos a *Siva*, que recibe donativos de *ghee*.

50. **Oṁ yajñamayāya namaḥ**
Alabemos al arquitecto de todos los ritos de sacrificios.

51. **Oṁ somāya namaḥ**
¡Postrémonos ante el resplandor de luna de la visión del místico!

52. **Oṁ paṇcavaktrāya namaḥ**
Saludamos al Dios de las cinco actividades.

53. **Oṁ sadāśivāya namaḥ**
Alabemos al eternamente favorable y benevolente *Siva.*

54. **Oṁ viśveśvarāya namaḥ**
¡Postrémonos ante el soberano del cosmos que lo impregna todo!

55. **Oṁ vīrabhadrāya namaḥ**
Saludamos a *Siva,* el más destacado de los héroes.

56. **Oṁ gaṇanāthāya namaḥ**
Alabemos al Dios supremo de los *Ganas.*

57. **Oṁ prajāpataye namaḥ**
¡Postrémonos ante el creador de todo lo que se mueve y respira!

58. **Oṁ hiraṇyaretase namaḥ**
Saludamos al Dios que emana almas doradas.

59. **Oṁ durdharṣaya namaḥ**
Alabemos al ser inconquistable.

60. **Oṁ girīśāya namaḥ**
¡Postrémonos ante el monarca de la montaña sagrada *Kailas*!

61. **Oṁ giriśāya namaḥ**
Saludamos al Señor de los *Himalayas.*

62. **Oṁ anaghāya namaḥ**
Alabemos al Señor *Siva,* que no inspira miedo.

63. **Oṁ bujaṅgabhūṣaṇāya namaḥ**
¡Postrémonos ante el Señor que se adorna con serpientes doradas!

64. **Oṁ bhargāya namaḥ**
Saludamos al principal sabio.

65. **Oṁ giridhaṇvane namaḥ**
Alabemos al Dios cuya arma es una montaña.

66. **Oṁ giripriyāya namaḥ**
¡Postrémonos ante Señor que siente afecto por las montañas!

67. **Oṁ kṛttivāsase namaḥ**
Saludamos al Dios que lleva ropas de piel.

68. **Oṁ purārātaye namaḥ**
Alabemos al Señor que, en la selva, se encuentra como en su casa.
69. **Oṁ bhagavate namaḥ**
¡Postrémonos ante el Señor de la prosperidad!
70. **Oṁ pramathādhipāya namaḥ**
Saludamos al Dios al que sirven los duendes.
71. **Oṁ mṛtyuñjayāya namaḥ**
Alabemos al conquistador de la muerte.
72. **Oṁ sūkṣmatanave namaḥ**
Al más sutil de lo sutil.
73. **Oṁ jagadvyāpine namaḥ**
Saludamos a *Siva*, que llena el mundo entero.
74. **Oṁ jagadgurave namaḥ**
Alabemos al *guru* de todos los mundos.
75. **Oṁ vyomakeśāya namaḥ**
¡Saludamos al Dios cuyo cabello es el cielo que se extiende en las alturas!
76. **Oṁ mahāsenajanakāya namaḥ**
Saludamos al origen de *Mahasena*.
77. **Oṁ cāruvikramāya namaḥ**
Alabemos a *Siva*, el guardián de los peregrinos errantes.
78. **Oṁ rudrāya namaḥ**
¡Postrémonos ante el Señor que es digno de ser alabado!
79. **Oṁ bhūtapataye namaḥ**
Saludamos a la fuente de todas las criaturas vivientes.
80. **Oṁ sthāṇave namaḥ**
Alabemos a la deidad firme e inamovible.
81. **Oṁ ahirbudhnyāya namaḥ**
¡Saludamos al Señor que espera a la *kundalini* dormida!
82. **Oṁ digambarāya namaḥ**
Saludamos a *Siva*, cuya vestidura es el cosmos.

83. **Oṁ aṣṭamūrtaye namaḥ**
Alabemos al Señor de las ocho formas.

84. **Oṁ anekātmane namaḥ**
¡Postrémonos ante el Dios que es el alma de todas las almas!

85. **Oṁ sātvikāya namaḥ**
Saludamos al Señor de energía ilimitada.

86. **Oṁ śuddha vigrahāya namaḥ**
Alabemos al que está libre de toda duda y disensión.

87. **Oṁ śāśvatāya namaḥ**
¡Postrémonos ante el Señor *Siva*, infinito y eterno!

88. **Oṁ khaṇḍaparaśave namaḥ**
Saludamos al Dios que disipa la agonía mental.

89. **Oṁ ajāya namaḥ**
Alabemos al instigador de todo lo que ocurre.

90. **Oṁ pāpavimocakāya namaḥ**
¡Postrémonos ante el Señor que libera todas las cadenas!

91. **Oṁ mṛdāya namaḥ**
Saludamos al Señor que sólo muestra misericordia.

92. **Oṁ paśupataye namaḥ**
Alabemos al soberano de todas las almas en evolución.

93. **Oṁ devāya namaḥ**
¡Postrémonos ante Dios!

94. **Oṁ mahādevāya namaḥ**
Saludamos al gran Dios.

95. **Oṁ avyayāya namaḥ**
Alabemos al que nunca está sujeto al cambio.

96. **Oṁ haraye namaḥ**
¡Postrémonos ante *Siva*, que disuelve toda esclavitud!

97. **Oṁ pūsadantabhide namaḥ**
Saludamos a Dios, que castigó a *Pushan*.

98. **Oṁ avyagrāya namaḥ**
Albemos al Señor que es firme e inquebrantable.

99. **Oṁ dakṣādhvaraharāya namaḥ**
Saludamos al destructor del vanidoso sacrificio de *Daksa.*

100. **Oṁ harāya namaḥ**
¡Postrémonos ante el Señor que repliega el cosmos!

101. **Oṁ bhaganetrabhide namaḥ**
Alabemos al Dios *Siva,* que enseñó a *Bhaga* a ver con más claridad.

102. **Oṁ avyaktāya namaḥ**
¡Postrémonos ante *Siva,* que es sutil y oculto!

103. **Oṁ sahasrākṣāya namaḥ**
Saludamos al Señor de formas ilimitadas.

104. **Oṁ sahasrapade namaḥ**
Alabemos al Dios que está de pie y que camina por todas partes.

105. **Oṁ apavargapradāya namaḥ**
¡Postrémonos ante el Señor que da y quita todo!

106. **Oṁ anantāya namaḥ**
Saludamos al Señor que es infinito.

107. **Oṁ tārakāya namaḥ**
Alabemos al gran liberador de la humanidad.

108. **Oṁ parameśvarāya namaḥ**
¡Postrémonos ante el Señor supremo!

Los 108 Nombres de Sri Rama

1 **Oṁ śrī rāmāya namaḥ**
Saludamos a *Sri Rama*, el que concede felicidad.

2. **Oṁ rāmabhadrāya namaḥ**
... a *Rama*, el propiciador.

3. **Oṁ rāmachandrāya namaḥ**
... a *Rama*, tan brillante como la luna.

4. **Oṁ śāśvatāya namaḥ**
... a *Rama*, el eterno.

5. **Oṁ rājivalochanāya namaḥ**
... al de los ojos de loto
6. **Oṁ śrīmate namaḥ**
... a la morada de *Lakshmi.*
7. **Oṁ rājendrāya namaḥ**
... al rey de reyes
8. **Oṁ raghupungavāya namaḥ**
... al más exaltado de la dinastía *Raghu.*
9. **Oṁ jānakī vallabhāya namaḥ**
... al amado de *Janaki.*
10. **Oṁ jaitrāya namaḥ**
... al triunfante.
11. **Oṁ jitāmitrāya namaḥ**
... al conquistador de sus enemigos.
12. **Oṁ janārdhanāya namaḥ**
... al refugio de la gente.
13. **Oṁ viśvāmitra priyāya namaḥ**
... al amado del sabio *Vishvamitra.*
14. **Oṁ dāntāya namaḥ**
... al que se sabe controlar.
15. **Oṁ śaraṇatrāṇa tatparāya namaḥ**
... al que le encanta proteger a los que buscan refugio en él.
16. **Oṁ bāli pramathanāya namaḥ**
... al vencedor de *Bali.*
17. **Oṁ vāgmine namaḥ**
... al elocuente.
18. **Oṁ satyavāche namaḥ**
... al de palabras sinceras.
19. **Oṁ satyavikramāya namaḥ**
... al que es valiente defendiendo la verdad.
20. **Oṁ satyavratāya namaḥ**
... al de promesas verdaderas.

21. **Oṁ vratadharāya namaḥ**
... al que mantiene sus promesas con fidelidad.
22. **Oṁ sadā hanumadāśritāya namaḥ**
... al que siempre es servido por *Hanuman.*
23. **Oṁ kausaleyāya namaḥ**
... al hijo de *Kausalya.*
24. **Oṁ kharadhvamsine namaḥ**
... al aniquilador del demonio *Khara.*
25. **Oṁ virādha vanapaṇḍitāya namaḥ**
... al experto en destruir al demonio *Viradha.*
26. **Oṁ vibhīṣaṇa paritrātre namaḥ**
... al protector de *Vibhishana.*
27. **Oṁ kōdaṇḍa khaṇḍanāya namaḥ**
... al que rompió el poderoso arco.
28. **Oṁ saptatala prabhedre namaḥ**
... al que se extiende por los siete planos de existencia.
29. **Oṁ daśagrīva śirodharāya namaḥ**
... al que cortó las cabezas de *Ravana.*
30. **Oṁ jāmadagnya mahādarppa dalanāya namaḥ**
... al que destruyó el orgullo de *Parasurama.*
31. **Oṁ tāṭakāntakāya namaḥ**
... al que mató a *Tataka.*
32. **Oṁ vedānta sārāya namaḥ**
... a la esencia del *Vedanta.*
33. **Oṁ vedātmane namaḥ**
... al ser de los *Vedas.*
34. **Oṁ bhavarogasya bheṣajāya namaḥ**
... al que curó la enfermedad de la conveniencia.
35. **Oṁ dūṣanatri śirohantre namaḥ**
... al que cortó la cabeza de *Dushana.*
36. **Oṁ trimūrtaye namaḥ**
... a la personificación de los tres dioses.

37. **Oṁ triguṇātmakāya namaḥ**
... a la fuente de los tres *gunas.*
38. **Oṁ trivikramāya namaḥ**
... al Señor como *Vamana.*
39. **Oṁ trilokātmane namaḥ...**
... a la fuente de los tres mundos.
40. **Oṁ puṇyachāritra kīrtanāya namaḥ**
... a aquel cuya historia es una fuente de mérito para los que la cantan.
41. **Oṁ triloka rakṣakāya namaḥ**
... al protector de los tres mundos.
42. **Oṁ dhanvine namaḥ**
... al que esgrime el arco.
43. **Oṁ daṇḍakāraṇya kartanāya namaḥ**
... al que habita en el bosque *Dandaka.*
44. **Oṁ ahalyā śāpaśamanāya namaḥ**
... al que elimina la maldición de *Ahalya.*
45. **Oṁ pitru bhaktāya namaḥ**
... al que alaba a su padre *Dasaratha.*
46. **Oṁ vara pradāya namaḥ**
... al que concede bendiciones.
47. **Oṁ jitendriyāya namaḥ**
... al conquistador de los sentidos.
48. **Oṁ jitakrodhāya namaḥ**
... al conquistador de la cólera.
49. **Oṁ jitāmitrāya namaḥ**
... al que convence a los amigos.
50. **Oṁ jagad gurave namaḥ**
... al *guru* del mundo.
51. **Oṁ ṛkṣa vānara saṅghātine namaḥ**
... al que organizó las hordas de monos.

52. **Oṁ chitrakūṭa samāśrayāya namaḥ**
... al que se refugió en la colina *Chitrakuta*.
53. **Oṁ jayanta trāṇa varadāya namaḥ**
... al que bendijo *Jayanta*.
54. **Oṁ sumitrā putra sevitāya namaḥ**
... al a quien sirve el hijo de *Sumitra* (*Lakshmana*).
55. **Oṁ sarva devādhi devāya namaḥ**
... al de todos los dioses.
56. **Oṁ mṛtavānara jīvanāya namaḥ**
... al que revivió a los monos muertos después de la guerra.
57. **Oṁ māyāmarīcha hantre namaḥ**
... al destructor del demonio *Maricha*, el cual ponía en práctica falsas ilusiones.
58. **Oṁ mahādevāya namaḥ**
... al gran Señor.
59. **Oṁ mahābhūjāya namaḥ**
... de los brazos poderosos.
60. **Oṁ sarvadeva stutāya namaḥ**
... al que todos los dioses alaban.
61. **Oṁ saumyāya namaḥ**
... al tranquilo.
62. **Oṁ brahmanyāya namaḥ**
... a la realidad absoluta.
63. **Oṁ muni samstutāya namaḥ**
... al Señor al que los sabios alaban.
64. **Oṁ mahāyōgine namaḥ**
... al gran *yogi*.
65. **Oṁ mahādārāya namaḥ**
... al noble.
66. **Oṁ sugrīvepsita rājyadaye namaḥ**
... al Señor que devolvió el reino a *Sugriva*.

67. **Oṁ sarva puṇyādhi kaphalāya namaḥ**
... al que concede los frutos del buen *karma.*
68. **Oṁ smṛta sarvāgha nāśanāya namaḥ**
... al que elimina toda aflicción.
69. **Oṁ ādipuruṣāya namaḥ**
... al ser primigenio.
70. **Oṁ paramapuruṣāya namaḥ**
... al ser supremo.
71. **Oṁ mahāpuruṣāya namaḥ**
... al gran ser.
72. **Oṁ puṇyodayāya namaḥ**
... a la fuente de toda bendición.
73. **Oṁ dayāsārāya namaḥ**
... a la personificación de la compasión.
74. **Oṁ purāṇa puruṣōttamāya namaḥ**
... a la persona más antigua.
75. **Oṁ smita vaktrāya namaḥ**
... a la persona más antigua.
76. **Oṁ mita bhāṣine namaḥ**
... al de palabras moderadas.
77. **Oṁ pūrva bhāṣine namaḥ**
... al que rara vez habla.
78. **Oṁ rāghavāya namaḥ**
... al descendiente de la dinastía *Raghu.*
79. **Oṁ ananta guṇagambhīrāya namaḥ**
... al Señor de infinitas cualidades majestuosas.
80. **Oṁ dhīrodātta guṇottamāya namaḥ**
... al Señor de valiosas cualidades.
81. **Oṁ māyā mānuṣa charitrāya namaḥ**
... al que se encarnó en hombre a través de su *Maya.*
82. **Oṁ mahādevādi pūjitāya namaḥ**
... a quien el Señor *Siva* adora.

83. **Oṁ setukṛte namaḥ**
... al constructor del puente.
84. **Oṁ jita vārāśaye namaḥ**
... al conquistador de los deseos.
85. **Oṁ sarva tīrthamayāya namaḥ**
... que es la suma de todos los lugares sagrados.
86. **Oṁ haraye namaḥ**
... al destructor.
87. **Oṁ śyāmāṅgāya namaḥ**
... al de tez morena.
88. **Oṁ sundarāya namaḥ**
... al bello.
89. **Oṁ surāya namaḥ**
... al Señor.
90. **Oṁ pītavāsase namaḥ**
... al que viste de amarillo.
91. **Oṁ dhanurdharāya namaḥ**
... al que lleva el arco.
92. **Oṁ sarva yajñādhipāya namaḥ**
... al Señor del sacrificio.
93. **Oṁ yajvine namaḥ**
... al sacrificador.
94. **Oṁ jarāmaraṇa varjitāya namaḥ**
... al conquistador del nacimiento y la muerte.
95. **Oṁ vibhīṣaṇa pratiṣṭhātre namaḥ**
... que estableció a *Vibhishana* en el trono.
96. **Oṁ sarvābharaṇa varjitāya namaḥ**
... que renunció a los adornos.
97. **Oṁ paramātmane namaḥ**
... al Ser supremo.
98. **Oṁ parabrahmaṇe namaḥ**
... al supremo absoluto.

99. **Oṁ saccidānanda vigrahāya namaḥ**
... a la personificación de la existencia, la conciencia y la dicha.
100. **Oṁ parasmai jyotiṣe namaḥ**
... a la luz suprema.
101. **Oṁ parasmai dhāmne namaḥ**
... a la morada suprema.
102. **Oṁ parākāśāya namaḥ**
... al espacio supremo.
103. **Oṁ parātparāya namaḥ**
... al supremo que está más allá de los más elevados.
104. **Oṁ pareśāya namaḥ**
... al Señor supremo.
105. **Oṁ pārakāya namaḥ**
... al que lleva a sus devotos al otro lado (del océano de *Samsara*).
106. **Oṁ parāya namaḥ**
... al ser supremo.
107. **Oṁ sarva devātmakāya namaḥ**
... al Señor que es la fuente de todos los dioses.
108. **Oṁ parasmai namaḥ**
... al Señor Supremo.

Guía de Pronunciación

Vocales

a – como la segunda a en vaca
ā – una a alargada como en par
i – como i en fin (acortado)
ī – i alargada como en mía (prolongado).
u – como u en burro
ū – u alargada como en zancudo o uno
ṛ – como ri en río
e – como la ee en leer. La e en sánscrito es siempre alargada.
ai – como ai en caimán. Al final del mantra muchas veces como '
o – como oo en cooperacion. La o en el sánscrito es siempre alargada.
au – como au en pausa

Consonantes

k – como k en kilo
kh – como k en kilo pero fuertemente aspirada
g – como g en gota
gh – como g en gota pero fuertemente aspirada
ṅ – como ng en manga

c – como ch en chica
ch – como ch en chica pero fuertemente aspirada
j – como la ll en llover pero pronunciar con fuerza.
Nota: jña se pronuncia como gna : vi jña es vigña
jh – como la ll en llover pero fuertemente aspirada
ñ – como ñ en año

t – como t en tío
th – como t en tío pero fuertemente aspirada
d – como d en dime
dh – como d en dime pero fuertemente aspirada
n – como n en novicio

ṭ – como t en tos
ṭh – como t en tos pero fuertemente aspirada
ḍ – como d en conde
ḍh – como d en conde pero fuertemente aspirada
ṇ – como n en urna

Las letras con un punto debajo se pronuncian con la punta de la lengua contra el paladar de la boca, las otras con la lengua contra los dientes.

p – como p en Pedro
ph – como p en Pedro pero fuertemente aspirada
b– – como b en ambas
bh – como b en ambos pero fuertemente aspirada
m – como m en madre

y – como y en yodo o la i en malaialam, nunca como 'ye' sino como i latina
r – como r en pera
l – como l en labio
v – como v en vamos
ṣ – es pronunciada con la lengua contra la bóveda de la boca
ś – como s en lista, pronunciada con la lengua contra el paladar
s – como s en salvia
h – como j en jabalí
ṁ – un sonido nasal como la n en la palabra francesa bon
ḥ – al final de la frase se le agrega la vocal anterior. *Namaḥ* se lee como *namaah*, *viduḥ* como *vidu*, *hariḥ* como *hari.*